Mapeando Horizontes

As trilhas do empreendedorismo

Alexandre Borges Moreno

Sabine Holler

Vitor Hugo Artigiani Filho

Mapeando Horizontes
As trilhas do empreendedorismo

Alexandre Borges Moreno

Sabine Holler

Vitor Hugo Artigiani Filho

DVS Editora Ltda.
www.dvseditora.com.br

Mapeando Horizontes – As trilhas do empreendedorismo
Copyright © DVS Editora 2006

Todos os direitos para a língua portuguesa reservados pela editora.
Nenhuma parte dessa publicação poderá ser reproduzida, guardada pelo
sistema *retrieval* ou transmitida de qualquer modo ou por qualquer outro
meio sem prévia autorização, por escrito, da editora.

Revisão: RevisArt Assessoria Editorial
Projeto Gráfico e Diagramação: Crontec Ltda.
Design da Capa: Renato Inácio

Endereço para correspondência com os autores:
syntese@syntese.com.br

Dados Internacionais de Catalogação na Publicação (CIP)
(Câmara Brasileira do Livro, SP, Brasil)

Moreno, Alexandre Borges
    Mapeando horizontes : as trilhas do empreendorismo /
Alexandre Borges Moreno, Sabine Holler, Vitor Hugo
Artigiani Filho. -- São Paulo : DVS Editora, 2006.

    Bibliografia.
    ISBN 85-88329-31-x

    1. Administração de empresas 2. Eficiência administrativa
3. Empreendorismo 4. Empreendimentos 5. Empresários
6. Planejamento estratégico 7. Sucesso em negócios I. Holler,
Sabine. II. Artigiani Filho, Vitor Hugo. III. Título.

06-0214	CDD-658.4012

Índice para catálogo sistemático:
1. Empreendimento : Planejamento : Administração
de empresas   658.4012

Sumário

Introdução VII

Capítulo 1 Como Abrimos as Trilhas? 1

Insights 1

Espírito empreendedor *versus* sobrevivência 2

Assumindo riscos e trabalhando a ansiedade 5

Reduzindo os riscos 7

Capítulo 2 Olhando para o Horizonte 9

Segmentação – Onde vou atuar? 9

Quem será o público-alvo? 10

Pesquisa de mercado 13

Quem são e como se comportam as empresas que já atuam
neste mercado – Aprendendo com a concorrência. 15

Capítulo 3 Planejando o Caminho 17

As fontes de financiamento 22

Registro de empresas 29

Como legalizar seu empreendimento 29

Nome empresarial 32

Registro de marcas 32

Impostos e contribuições 33

Firma individual 34

VI   Mapeando horizontes – as trilhas do empreendedorismo

Registro de firma individual 35

Sociedade comercial 35

Registro de sociedade por quotas 36

Sociedade civil 36

Registro de empresas dos setores de indústria e comércio . . . 36

Registro de empresas do setor de serviços 37

Tributos 38

Capítulo 4   Mãos à Obra – Montando o Mapa da Empresa 43

Dando alma à empresa – Definição de visão e missão 43

Construção da marca 44

De onde vem e para onde irá o dinheiro – Montando o
fluxo de caixa 51

Planejamento estratégico e tático: o que, como e por quem
deverá ser feito 56

Gerenciando pessoas – O *network* do empreendedor 61

Planejamento de *marketing* 63

Passos – Plano de negócios 69

Conclusão **71**

Cases   Histórias de Quem Já Começou a Sua Trilha 73

Case Syntese 73

Case Yoshida & Hirata. 77

Case Right Saad Fellipelli 80

Case Alef 87

Case Museu do Computador 90

Bibliografia **95**

Introdução

Desenvolver um livro sobre empreendedorismo com o objetivo de transformar pessoas, apresentar idéias e vivências faz das próximas páginas uma viagem ao mundo dos negócios. Durante os próximos capítulos vamos juntos discutir os passos teóricos e as experiências de autores e convidados para despertar o espírito empreendedor e montar um plano de negócios.

No início de 2005, a Fundação Armando Alvares Penteado acreditou nesses três jovens professores e lançou o convite para que escrevêssemos sobre empreendedorismo, com a força de uma disciplina que constituirá o tripé do ensino nessa universidade.

Nosso objetivo foi desenvolver um livro abrangente e prático, procurando trazer ao leitor uma visão realista dos passos para empreender. Isso você perceberá pela forma didática como ele foi escrito e pela estruturação dos capítulos, em que apresentamos os passos para a atividade empreendedora, como, por exemplo, a identificação das oportunidades, as principais perguntas a serem feitas, a construção de um plano de negócios, a análise financeira, entre outros pontos fundamentais para o planejamento e a execução de um negócio.

Quando estamos observando o horizonte comercial, apenas com uma idéia e tantas incertezas em mente ou, para alguns, uma enorme certeza de ter escolhido o caminho certo, precisamos ter calma e procurar ferramentas e meios para melhor definir quais serão as trilhas que vamos percorrer, pois os extremos, como a incerteza e a confiança exagerada, são armadilhas muito comuns. E, como empreendedores, devemos confessar que escolher o ponto de partida é uma decisão difícil, pois ele poderá ser decisivo para o sucesso ou não do negócio.

Esperamos que este livro resulte em grandes negócios, oriente idéias e desperte o espírito e a vontade de empreender, peculiares ao brasileiro.

Capítulo 1

Como Abrimos as Trilhas?

Insights

Insights, sinais, reflexos, observações do dia-a-dia são algumas das formas pelas quais se tem o primeiro contato com um empreendimento, ou seja, é o momento em que enxergamos ou percebemos as possibilidades. É como uma lâmpada que se acende para mostrar coisas que já estavam ao alcance, porém escondidas no escuro.

A observação envolve não apenas o ato de olhar para determinado mercado, mas também outros sentidos pouco explorados no nascimento da atividade empreendedora. Ouvir as pessoas e os ecos do mercado (tendências), do consumidor e de outras experiências, como movimentos internacionais (políticos, culturais, militares etc.) e ter o faro aguçado (aqui o olfato não atua na forma literal, mas na de um farejador de oportunidades) são imprescindíveis.

As idéias surgem em diversos momentos, seja nos *brainstorms* seja em uma aula em que tudo parece correr naturalmente. De repente, uma colocação do professor chama a sua atenção para algo do seu dia-a-dia, e você passa a olhar para aquilo de uma forma diferente, mais interessada. Um pesquisador pode se contentar apenas com a descoberta, um inventor, com a possibilidade de transformar uma idéia em algo funcional, mas o empreendedor olha para a idéia e tenta construir a partir desta um negócio, algo que navega entre a experiência do inventor e a do pesquisador, mas, de maneira abrangente, envolve pessoas, tecnologias, burocracia, *marketing*, riscos e está diretamente relacionado aos conceitos de liderança e administração.

Falar é uma forma de trocar experiências. Perguntar às pessoas que viveram momentos similares, entender seus erros, acertos e estratégias faz parte do processo de construção da oportunidade. O tato ajustado para lidar com as pessoas e sentir o percurso também é peça-chave na formação de uma idéia.

Fica claro que os sentidos devem estar calibrados para que se possa obter os melhores resultados e clarear os caminhos do empreendimento, porém o surgimento do *insight* ou o fato de todos os sentidos estarem calibrados e funcionando 100% não é condição para o sucesso, até porque isso é impossível. A oportunidade pode bater à porta mais de uma vez, mas pode não ser no primeiro encontro que entendamos ou mesmo nos motivemos a deixar nossa zona de conforto para ir ao encontro de um plano de vida diferente do atual ou a buscar um sonho. O importante é manter os sentidos atentos.

Espírito empreendedor *versus* sobrevivência

O primeiro passo do empreendedorismo é ter uma idéia, que pode ser validada como uma simples idéia ou ter a consistência de uma oportunidade. Cabe aqui ao leitor fazer algumas perguntas, que serão apresentadas no decorrer do capítulo.

Mas como nascem essas oportunidades? A maioria surge da observação do cotidiano ou do universo que nos cerca, tanto de tendências locais quanto de outros países que possam servir como referência para os consumidores. Essas tendências podem ser, por exemplo, o modo como as pessoas compram roupas, como se vestem, qual o tipo de alimentação em diferentes classes sociais ou para públicos específicos como mulheres solteiras ou crianças. Dados oficiais, como os do IBGE, podem auxiliar na validação dessa oportunidade, uma vez que passamos a saber, por exemplo, quantas pessoas vivem em média por domicílio no Brasil e como se comportam. Isso significa que o ambiente é o grande precursor de oportunidades, cabe ao empreendedor aguçar a visão e transformar a observação em negócio.

Vamos observar o que acontece no mercado de trabalho, ou melhor, o que acontece com o conceito trabalho *versus* emprego. Será que estamos falando da mesma coisa? Muito se tem comentado sobre essa mudança, apesar de a maioria das ações governamentais ter o foco na criação de empregos formais, a sociedade caminha em sentido distinto, onde o que nunca vai deixar de existir é trabalho, com remuneração justa para quem consegue trabalhar de maneira eficiente, gerando resultados. Será que estamos preparados para viver nesse ambiente? Quais conceitos estamos seguindo como empreendedores?

Porém, na maioria das vezes, as oportunidades surgem de crises. Temos como exemplo a Gol Linhas Aéreas, empresa dirigida por Constantino Junior, a qual deu o maior salto da sua história no momento mais terrível da aviação, que foi marcado pelo dia 11 de setembro de 2001, em virtude do ataque terrorista aos Estados Unidos. Nesse período a empresa fez excelentes contratos de aquisição de aeronaves. Todos acharam a atitude insana, mas a empresa soube transformar a crise em oportunidade. Obviamente havia riscos na operação, mas não há ação empreendedora sem risco.

Ser empreendedor está apenas relacionado a saber aproveitar as oportunidades ou está no DNA? Segundo trechos de entrevistas retirados do livro *Empreender Não é Brincadeira!*, de Bob Wollheim e Pyr Marcondes, existem muitas visões para essa pergunta. Por exemplo, a publicitária Ana Lúcia Serra, uma dos muitos entrevistados nesse livro, acredita que empreendedorismo esteja presente no DNA. Segundo ela, "oportunidades passam pela vida diariamente, mas só tem a intuição para reconhecê-las quem tem esse DNA". Já de acordo com o jornalista Matinas Suzuki, o empreendedorismo resulta das duas coisas: DNA propício e oportunidade. "O empreendedor tem um espírito artilheiro. Quer dizer, estando com a bola, chuta pro gol. Tem que ter senso de oportunidade, tato, o momento certo para receber a bola, ir lá e chutar".

Mas, se empreender está apenas no DNA, é possível aprender essa atividade? De acordo com Wollheim e Marcondes, há características muito próprias de empreendedores e que estão provavelmente no DNA. Porém, aprender é apenas uma questão de oportunidade, oportunidade esta que poderá surgir pela necessidade de sobrevivência, por meio de um livro etc.

Quando nos deparamos com momentos difíceis, marcados por crises econômicas ou mudanças de orientação da empresa em que estamos trabalhando, somos forçados a deixar o nosso "ganha-pão" e buscar outra colocação profissional. Alguns encaram esse momento como uma traição por parte da empresa para a qual tanto tempo e energia foram dedicados, enquanto outros se sentem totalmente desamparados. Perder a certeza de como será o dia de amanhã não é um prato muito apreciado pela maioria das pessoas e engana-se quem pensa que para o empreendedor é diferente. Mas aqui podemos estar diante do momento da verdade para muitos profissionais, como na história do livro *Quem Mexeu no Meu Queijo*, podemos ficar discutindo o que aconteceu ou partir em busca de uma oportunidade real. O atual desempregado, o qual pode estar com experiência acumulada e capitalizado pela rescisão de contrato de trabalho, vê-se tentado a assumir mudanças na sua vida. Como todo momento da verdade, este também guarda os seus perigos.

E como é o perfil desses empreendedores?

De acordo com o Sebrae, antes de iniciar o negócio, eles exerciam atividades como funcionários de empresas privadas (30%), trabalhadores autônomos (26%) e empresários (10%), seguidas pelas de estudantes, funcionários públicos e donas de casa, com 8% cada um.

Com relação aos empreendimentos que não deram certo, cerca de 63% dos ex-proprietários são do sexo masculino, com idade entre 30 e 49 anos. Quanto à escolaridade, 29% dos empresários das empresas extintas possuíam superior completo e 46% cursaram "colegial completo (atual ensino médio) até superior incompleto". (Agência Sebrae de notícias)

Como disse o técnico Bernardinho, da seleção brasileira de voleibol, em uma palestra no Fórum Mundial de Alta Performance (FMAP) HSM – 2005, são três as armadilhas para o sucesso:

- sucesso do passado não garante o sucesso do futuro;
- vencer como favorito é muito mais difícil – pressão (cobrança por resultados);
- acomodação.

Fazer uma auto-avaliação é fácil? Costumamos fazê-la no nosso dia-a-dia? Quantos excelentes profissionais conhecemos que dentro de grandes estruturas empresariais foram fantásticos, mas, quando partiram para ações independentes, não conseguiram se destacar, mesmo que fossem considerados como favoritos ao sucesso? Será que cometemos esse erro no nosso julgamento pessoal? Que competências essenciais temos e quanto somos dependentes de estrutura para podermos gerar resultados? Como dizem os alquimistas: "o caminho se faz ao caminhar", mas depende de nós escolhermos como e com que bagagem começaremos a caminhada.

Ouvi muitas vezes do diretor comercial de uma empresa em que trabalhei que "fazer muito com muito recurso é fácil. Quem é bom faz com pouco". Naquela época, em que eu era o responsável pela administração comercial e técnica de uma região, essa afirmação parecia-me mais uma forma de mesquinharia. Hoje, no entanto, posso perceber que ela está mais relacionada a valorizar outros fatores essenciais ao sucesso. E, quando estamos arrumando a nossa mochila para esta caminhada, é preciso carregar apenas o essencial e fazer muito para melhor utilizar os recursos disponíveis, que, com raras exceções, é sempre pouco no começo das atividades.

Independentemente do que motivou o movimento do indivíduo rumo a uma atividade empreendedora, que pode trazer inovação ou apenas se encaixar em um mercado já existente (cada caso demandará ações distintas), podemos encontrar um forte espírito de sobrevivência, do tipo que não está disposto a se entregar facilmente. Contudo, apenas o desejo de sobreviver não é o suficiente para o sucesso. A esse respeito conversaremos mais adiante.

E em relação ao empreendedor que está dentro de um sistema empresarial (corporativo)?

Este livro não abordará esse tema, por ser muito complexo e longo, o que, por si só, daria origem a outro livro. No entanto, vale lembrar que não existe lugar nem hora para empreender, mas é preciso estar atento e trabalhar sempre pensando nos direcionamentos da empresa, que nem sempre estão ao alcance da equipe, e na disposição dos chefes ou diretores em abraçar a idéia, para aprovar e viabilizar o projeto.

Assumindo riscos e trabalhando a ansiedade

Como todos devem ter percebido, estamos fazendo muitas perguntas, não é? No começo de qualquer negócio, existem mais perguntas do que respostas e é isso que queremos retratar, dando o nosso testemunho pessoal de como foi dar o primeiro passo e da dimensão desse momento.

Depois de pensar e assumir que temos condições físicas, psicológicas e técnicas para esse novo caminho (não mencionamos a condição financeira propositalmente, mais adiante veremos por quê), e desta vez sem o amparo das grandes organizações onde muitos de nós começamos a escrever as nossas histórias profissionais. Devemos olhar para os lados e ver quem nos acompanha nesta caminhada, nesta escolha, antes mesmo de dar o primeiro passo. Assumir riscos, em qualquer nível, não envolve apenas nós mesmos, mas todas as pessoas que direta ou indiretamente fazem parte de nossa vida. Elas serão grandes parceiras na continuação desse caminho de empreendedor.

Recentemente em conversa com o Sr. Valter, uma pessoa muito interessante, proprietário da empresa Stick, que fabrica cordas e cordões, em Campo Bom no Rio Grande do Sul, ele disse que estava muito satisfeito por ter iniciado a sua empresa sem entrar em bancos e que, com o apoio da família, construiu e reconstruiu a empresa depois de um incêndio (a empresa não tinha seguro na época).

Quanto mais pessoas envolvidas com o sucesso melhores são os resultados iniciais, mas não se esqueça de quem está no controle desse barco recém-lançado ao mar. É, e será sempre, sua a responsabilidade de escolher os rumos e os ritmos que serão adotados.

Nos primeiros momentos da Syntese, recebemos apoio de alguns poucos amigos e parentes e, se fôssemos dar ouvidos a todos os conselhos para não mudar nada, haveria grande probabilidade de a empresa não existir hoje. E qual motivo leva as mesmas pessoas que inicialmente nos desaconselharam a começar a nos cumprimentar hoje pelo sucesso? Seria maldade? Não, mas para a maioria o medo de sair da zona de conforto é tão grande que congela qualquer tentativa de mudança.

Então, o que fazer, se é preciso ouvir e, em alguns momentos, não ouvir? Use o bom senso e não tome decisões apressadas no calor das discussões. Nesse momento conhecer o ambiente onde o empreendimento vai atuar é fundamental.

Independentemente do quão preparado você esteja, a hora de assinar a demissão ou de dar o primeiro passo é sempre um momento de ansiedade que ficará na memória para sempre.

No caso da Syntese foram duas situações distintas, a primeira foi vivida por mim, Vitor Hugo, quando pedi o meu desligamento da empresa. A maior certeza que tinha era a de que aquele poderia não ser o melhor momento para sair, pois acabara de ter um filho e o dinheiro da rescisão duraria apenas 3 meses; porém, a certeza de que era o passo certo e de que ficar era inaceitável (apesar de ser mais fácil) me deu determinação suficiente para assumir os riscos e contar com o apoio das pessoas mais próximas.

No caso do Alexandre, a opção foi por fazer o jogo da paciência, mesmo isso significando dias de profunda frustração por não fazer o que gostava. Sua real sensação era a de que estava enganando a si mesmo e a empresa onde atuava.

De qualquer maneira, a empresa estava passando por um momento de grandes mudanças e haveria uma transferência de pessoal de São Paulo para o Rio Grande do Sul, o que aconteceu em dezembro de 2003. Ao não aceitar essa mudança, houve o seu desligamento da empresa e ele, então, deu continuidade, comigo, ao projeto da Syntese, agora com a equipe completa.

Esse período representou, junto com os primeiros passos da Syntese, o momento de maior ansiedade. Controlá-la não foi fácil, mas era necessário, já que sem equilíbrio o fracasso é o destino. Os momentos de angústia até que as coisas começassem a caminhar foram muitos. É difícil ver o dinheiro no banco indo embora, o tempo passando, os desafios e as correções de rota da empresa acontecendo em diversos momentos e superar as decepções com propostas e projetos que não são concretizados, quando estamos precisando imensamente deles. Nós passamos por esses momentos, mesmo tendo feito um grande embasamento para o início do empreendimento; imagine quando isso não acontece.

Um bom plano de negócios envolve conhecimento de mercado, segurança e convicção de que se está fazendo não apenas a melhor escolha, mas assumindo a responsabilidade pelo sucesso ou fracasso do negócio. Tudo isso pode dar um "gelo na barriga", mas faz parte do "ser empreendedor".

Reduzindo os riscos

Quantas oportunidades concretas surgem diariamente na vida? O que temos nas mãos é uma oportunidade ou simplesmente uma idéia?

Para responder a essas questões, temos de ter outras em mente:

- Qual o tamanho do mercado em reais? E em clientes?
- O mercado está em crescimento, estável ou em declínio?
- Quais são os clientes que comprarão o produto ou serviço da empresa? Qual o diferencial?
- Quem são os concorrentes?

Dependendo do teor das respostas, do quão concretas elas são, será possível afirmar se o que se tem nas mãos é uma oportunidade real. O importante para ter maior segurança é que essas questões sejam respondidas por pessoas, de segmentos similares ou não, que tenham experiência em empreendimentos que deram certo ou errado. Mas nem sempre temos acesso a essas informações e, na maioria das vezes, precisamos recorrer a mercados próximos ou mesmo internacionais e aceitar que, por mais inovador que seja qualquer projeto, sempre podemos e devemos buscar fontes para dar suporte às nossas decisões.

O que se pode concluir é que as oportunidades surgem por meio de diferentes caminhos, material genético, observação, formulação das perguntas corretas, rede de relacionamentos, ambiente, livros, entre outras formas. Cabe a você perceber os sinais.

Capítulo 2

Olhando para o Horizonte

Segmentação – Onde vou atuar?

Quando se trata de uma real oportunidade de negócio, muitas perguntas devem ser respondidas. O mercado onde posicionarei o meu produto/serviço se encontra em que momento? Vendo sob o ângulo do ciclo de vida de um produto, em que posição esse novo empreendimento entra no mercado? Como um produto/serviço amadurecido, em um mercado altamente competitivo? Ou em uma fase introdutória, em que existe pouco ou nenhum concorrente?

Outra questão fundamental diz respeito à atratividade do setor. Será que o segmento é atrativo a grandes investidores (capital)? Apresenta possibilidade de crescimento rápido? Segundo texto da revista *Harvard Business Review*, de autoria de Amar Bhide, "empreendedores e investidores procuram mercados grandes ou de crescimento rápido porque muitas vezes é mais fácil obter uma fatia de um mercado em crescimento do que lutar com concorrentes entrincheirados por uma fatia de mercado maduro ou estagnado". Outra pergunta é: se o mercado tem atrativos para grandes investidores, por que eles ainda não investiram nele?

Atualmente, dois setores têm mostrado grande atratividade; o primeiro é o agronegócio, que "de repente" foi descoberto pelos brasileiros como o setor que pulsa a economia nacional, oferecendo atrativos a pequenos empreendedores, como prestadores de serviço, e a grandes investidores, como os que atuam na bolsa de valores nas principais *commodities* agrícolas ou os que investem na compra de terras e produzem grãos ou gado.

Outro mercado interessante é o de turismo. O segmento cresce a passos largos e o País se descobriu como pólo de belezas naturais, o qual possui mais de

8.000 km de litoral, além de ser um centro cultural e gastronômico do continente americano. Esses apontamentos despertam os interesses de empreendedores e investidores para as redes hoteleiras, o ecoturismo e as agências de viagens. Portanto, algumas colocações são importantes quando vamos decidir onde atuaremos:

- definir o tamanho do mercado e o seu potencial de crescimento;
- estruturar o plano de negócios, definindo os horizontes da empresa, como a visão e a missão;
- questionar: como e quando o empreendimento dará lucro?

Definir o tamanho de um mercado não é tarefa fácil. Podemos citar o caso dos remédios para impotência sexual masculina (Viagra). Será que poderíamos dimensionar corretamente o tamanho do mercado utilizando os métodos convencionais de pesquisa?

Você se lembra de uma história sobre dois consultores que foram para a Índia verificar a viabilidade para a construção de uma fábrica de sapatos? Um deles voltou decepcionado, pois ninguém lá usava sapatos e o empreendimento seria um fracasso, enquanto o outro consultor voltou eufórico com a oportunidade de vender sapatos para todo mundo. No caso do remédio citado anteriormente, o sucesso foi imediato, superando as melhores previsões que poderiam ser feitas.

Ao respondermos a essas questões teremos uma noção da atratividade, do potencial do mercado onde pretendemos atuar, de como agiremos frente a ele e aos clientes, onde posicionaremos nossas fortalezas e quais serão as nossas competências essenciais.

Quem será o público-alvo?

Entender o perfil do cliente é condição básica para o sucesso do negócio, pois, além de nos comunicarmos de maneira correta, atuaremos em setores conhecidos.

Conhecer o cliente, assim como o ambiente, é fundamental! Esta é uma das informações mais importantes, pois segmentar mercados é a melhor forma de construir qualquer negócio e viabilizar os investimentos necessários. Não existe produto que atenda às exigências e às necessidades de todos ou que possua boa penetração e competitividade em todos os segmentos. É preciso definir quais serão as arenas onde apresentaremos o nosso trabalho com potencial de sucesso, quer seja o bairro de uma cidade, um Estado da Federação quer seja uma determinada classe social.

Vamos juntos pensar no perfil do brasileiro, segundo os dados do IBGE apresentados abaixo:

- de 1980 a 2000, a população cresceu em 61 milhões (43%). Isso significa uma população igual à da França;
- país jovem: 30% dos brasileiros encontram-se na faixa de até 14 anos;
- idosos: hoje são cerca de 10 milhões, a projeção é de que até 2025 esse número suba para 33 milhões;
- famílias menores: em 9 anos, o número de moradores por domicílio caiu de 4,19 para 3,73;
- 10,3 % da população brasileira mora sozinha, isso corresponde a cerca de 18 milhões de pessoas;
- o número de divórcios aumentou quatro vezes entre 1984 e 2001;
- a população rural representa apenas 19% dos brasileiros; as cidades concentram 138 milhões de habitantes (em 1980, esse número era de 84 milhões).

Hoje vivemos em um país jovem, que escolheu as cidades e que vive só ou com menos de 4 pessoas por domicílio. De que produtos e serviços essa população precisa e precisará?

Ao responder essa questão você poderá descobrir um novo empreendimento, voltado para a área de serviços ou um novo produto.

Mas esses são dados atuais. E se pensarmos nas projeções? Os dados indicam uma redução no crescimento vegetativo, uma população com maior número de idosos, o que aponta para uma inversão na pirâmide do crescimento. Saímos da base larga de jovens e partimos para uma pirâmide com um ápice mais largo. Novamente teremos de fazer a pergunta: de que produtos e serviços essa população precisará?

Aqui é importante pensar no comportamento do público da terceira idade, suas necessidades e seus desejos para o futuro e o anseio de curtir a velhice com qualidade de vida, uma vez que viveremos por mais tempo e com mais saúde.

Cabe ao empreendedor entender o perfil desse público e descobrir oportunidades para atender aos interesses desse consumidor.

Outros dados de pesquisa, agora da Fundação Perseu Abramo, que possibilitam a projeção de negócios são os relacionados ao comportamento de homens e mulheres:

- desde a pré-história a **mulher** comporta-se como coletora, ou seja, na escolha de um produto, analisa cuidadosamente, confere, faz perguntas e efetua a compra, já o **homem** é caçador, vai direto ao alvo, encontrando o que procura, efetua a compra com pouca pesquisa e maior objetividade;
- a influência das mulheres nas compras está entre 40% e 65%, inclusive para produtos masculinos. O que pode servir de norte no momento da comunicação com o consumidor-alvo, obviamente isso depende do produto e do serviço desenvolvidos pelo empreendedor;
- outro dado muito interessante sobre as mulheres diz respeito à sua posição de provedoras do lar. Atualmente 32% dos domicílios brasileiros são providos por mulheres e em 44% elas participam como uma das provedoras da família; assim a participação da mulher na renda familiar ocorre em 76% dos lares.

Agora faça uma retrospectiva pessoal de como era o lar de sua bisavó, avó, mãe e como é o seu. Provavelmente esses dados devam ser concretizados. As mulheres mudaram, isso é fato; a questão é: quais são as necessidades dessa nova mulher provedora do lar e independente, hoje e no futuro?

Uma frase de Faith Popcorn, conhecida como a "Nostradamus do *marketing*", define muito bem as diferenças apresentadas: "Homens e mulheres são diferentes biologicamente e compradologicamente".

Vamos agora analisar. Suponhamos que você vise empreender no segmento de alimentos, como supermercados, sacolões ou feiras. Veja os dados a seguir, retirados da revista *Super Varejo*, 2001, que contou com uma amostra de 300 lojas:

- o consumidor da grande São Paulo tem um gasto médio nas compras de frutas, legumes e verduras equivalente a R$ 86,70 mensais;
- 76% têm o supermercado como principal canal de compras. Qual era o principal canal de compras em 1990? A feira! E qual será em 2015? Isso pode definir o norte de um negócio;

- 59% compram frutas, legumes e verduras uma vez por semana;
- 40% aumentaram o seu consumo de frutas, legumes e verduras. O que significa maior preocupação com a qualidade de vida;
- 60% não saem de casa sem lista de compras. O que não significa que esta será respeitada na íntegra;
- cerca de 30% dos consumidores compram frutas, legumes e verduras embalados. Essa compra ocorre com freqüência na Grande São Paulo e entre os consumidores de maior poder aquisitivo.

Outros dados complementares a esses são os da Point of Purchase Adverstising International (Popai), que apresentam os seguintes resultados:

- o tempo médio de permanência do consumidor em um supermercado é de 69 a 98 minutos;
- mais de 70% trafegam por todos os corredores da loja. O que isso pode significar para o seu produto? Um fator importante é a posição dele na gôndola, é sabido que o *eye level* (produtos que ficam dispostos na altura dos olhos do consumidor) é o setor mais disputado da loja, além das pontas de gôndolas, que representam maior visibilidade ao produto;
- a velocidade média com que os olhos do consumidor percorrem as gôndolas é de 100 km/h;
- o tempo para fazer a escolha é menos de 5 segundos. Esse fator somado à velocidade define o quão importante é o fator marca, já que no momento da decisão esse ponto é decisivo. A questão **marca** será mais bem discutida no Capítulo 4.

Todos esses dados podem auxiliar o empreendedor a decidir o destino do seu negócio, focalizando um público específico e conhecendo o seu comportamento dentro de uma loja. Para qualquer negócio, esse tipo de levantamento é importante, pois ao definir as características do consumidor aumenta-se a assertividade na comunicação e a atratividade para possíveis investidores.

Pesquisa de mercado

De acordo com a American Marketing Association e a definição que se encontra no livro *Pesquisa de Marketing*: "A pesquisa é a função que liga o consumidor, o cliente e o público ao profissional de *marketing* por meio de informações –

informações estas utilizadas para identificar e definir oportunidades e problemas de *marketing* e melhorar a compreensão do *marketing* como um processo. A pesquisa de *marketing* especifica as informações necessárias para abordar essas questões, formula o método para a coleta de informações, administra e implementa o processo de coleta de dados, analisa os resultados e comunica as descobertas e suas implicações".

Temos, também, uma definição mais curta, dos autores Carl McDaniel e Roger Gates, do livro *Pesquisa de Marketing*: "pesquisa de *marketing* é o planejamento, a coleta e a análise de dados relevantes para a tomada de decisões de *marketing* e para a comunicação dos resultados dessa análise à administração".

Fica claro nas definições que pesquisa envolve planejamento e orienta as empresas na tomada de decisão, seja para colocação de um produto novo no mercado, seja para implantação de novos serviços, seja para avaliação do grau de satisfação de consumidores.

Para o desenvolvimento de uma pesquisa de mercado, o seguinte caminho deve ser adotado, segundo Carl McDaniel e Roger Gates:

1. identificar e formular o problema/oportunidade – a pesquisa começa com a definição de um problema ou uma oportunidade de *marketing* e orienta quanto a modificações no *mix* de *marketing* existente;

2. criar o projeto de pesquisa – é o plano a ser seguido para atender aos objetivos ou às hipóteses da pesquisa;

3. definir a metodologia – levantamento (envolve um entrevistador que interage com os entrevistados com objetivo de coletar fatos, opiniões e atitudes); observação (as ações dos entrevistados são monitoradas sem que haja uma interação direta); experimentos (é uma pesquisa para medir a casualidade, na qual uma ou mais variáveis são modificadas pelo pesquisador enquanto ele observa o efeito da(s) modificação(ões) sobre outra variável);

4. selecionar o procedimento de amostragem – amostras probabilísticas são subconjuntos de uma população que asseguram uma seção cruzada representativa, ao dar a todo elemento da população uma chance de ser selecionado diferente de zero; amostras não probabilísticas são subcon-

juntos de uma população nos quais pouca ou nenhuma tentativa é feita para assegurar uma seção cruzada representativa;

5. coletar os dados – a maneira mais comum são as pesquisas de campo, porém podem ser coletados de outras formas, como em instalações para pesquisa em grupo, entre outras;

6. analisar os dados – nessa fase o objetivo é interpretar os números coletados;

7. escrever e apresentar relatório com os resultados obtidos.

Por meio desse relatório de pesquisa o empreendedor pode tomar decisões que conduzirão seus passos no empreendimento, aumentando assim as chances de sucesso. A pesquisa é uma forma de conquistar mercado e se anteceder às tendências. Assim, fazer a pergunta correta no momento da decisão do problema e definir a metodologia são condições para obter resultados de qualidade.

Quem são e como se comportam as empresas que já atuam neste mercado – Aprendendo com a concorrência

Conhecer o mercado onde o empreendimento estará presente é condição fundamental para o sucesso do negócio. Porém, mais importante do que saber onde se pisará é conhecer as empresas que já trilharam caminhos similares e que atuam no mesmo segmento.

Observar a velocidade com que os concorrentes lidam com os problemas e como os resolvem pode trazer ao seu empreendimento vantagem competitiva, isso porque muitas empresas, principalmente as de grande porte, podem agir mais lentamente, pelo fato de terem departamentos interligados e de estarem em uma estrutura muitas vezes "engessada".

Há uma frase muito interessante, de autoria do economista Edward Schumacher, no livro *Marketing de Relacionamento*, que diz: "A beleza é a pequeneza!". Mas o que ele quer dizer com isso? A resposta é simples: empresas que crescem e se engessam, por criar diversos departamentos totalmente interligados, têm seus movimentos dificultados no mercado, e vivem como grandes "bichos-preguiça". Porém, se elas crescem, possibilitando aos seus departamentos independência, o resultado é agilidade; assim elas continuam grandes, mas atuam como se fossem pequenas. É a busca pela pequeneza.

Esse fato é comprovado por alguns depoimentos colhidos pela revista Exame do mês de maio de 2005, nos quais alguns empreendedores mostram seus erros por subestimar o mercado ou entrar em terrenos desconhecidos, esses exemplos são referências para qualquer empreendedor. Espelhar-se neles é ferramenta para o sucesso.

Marcelo Abrão, presidente da rede de lojas Yachtsman, no seu depoimento a essa revista, conta que no início da década de 90 resolveu transformar sua rede de lojas em franquias e decidiu pela abertura da primeira loja em Belém, no Pará. Em menos de 3 anos vendeu 7 franquias. Passou a ter problemas com os franqueados e decidiu recuar, fechando algumas lojas. Porém, percebeu a tempo que não tinha perfil para franquear e que esse fato prejudicaria a sua marca e poderia comprometer a sua empresa. O principal erro de Marcelo foi a administração com os franqueados, pois não era claro como funcionava o negócio.

Outra história relatada na revista *Exame* é a de Dimitrios Markakis, presidente e dono da Dicico, rede de material de construção. Em 1999, ao comprar a Dicico, cometeu uma sucessão de erros, o primeiro, como ele mesmo conta, foi o de transformar uma rede tradicional varejista numa loja completa para casa, e ainda mudar o nome da loja para ConstruDecor. Tinha problemas de espaço físico, não conseguia disponibilizar todos os produtos, e só conseguiu perceber o erro após abrir 6 lojas, quando notou que também subestimou uma marca tradicional como a Dicico, com mais de 80 anos no mercado. Ao retomar a marca seu faturamento dobrou no mês seguinte. Outro erro relatado por Markakis foi o de só contratar pessoas de supermercados e, aos poucos, teve de buscar pessoas de outros setores para suprir essa deficiência. Os principais erros de Marcelo foram o de subestimar a marca, a falta de conhecimento do seu público, daí a relevância de pesquisar o mercado, além de contratar pessoas acostumadas a lidar com outro tipo de produto, no caso, alimentos.

Assim, a concorrência, com seus erros e acertos, pode auxiliar o empreendedor na tomada de decisões e no melhor caminho a trilhar. Mas como fazer essa abordagem nos concorrentes? Algumas vezes é difícil entrar em contato diretamente com as empresas, talvez por reservas comerciais, mesmo que o foco da pesquisa esteja mais direcionado para a história e as pessoas envolvidas, pois existe sempre o receio de que se possa passar informações importantes para o posicionamento comercial e estratégico da empresa. Mas temos outros locais para pesquisar, como *sites*, conversas com distribuidores, ex-funcionários e o material publicitário.

Planejando o Caminho

Capítulo 3

Neste capítulo você encontrará informações sobre os aspectos jurídicos e tributários para a abertura de uma empresa.

Caso você esteja em dúvida sobre ter um sócio ou não para iniciar seu negócio, saiba que: você já inicia seu empreendimento com um sócio, que atende por "o governo".

Considerando-se as questões tributárias brasileiras, o governo tira parte de seu lucro e, quando não há lucro, tira da receita. Essas obrigações no Brasil são pesadas e uma das causas desses ônus reside no fato de não ser preciso ter lucro no Brasil para pagar impostos. Isso é nocivo para as empresas em formação, que precisam lidar com infinitas questões, além da tributação, para fazer o negócio dar certo e elas nem sempre geram resultados positivos de início. No entanto, empresas e receitas, mesmo magras, são tributadas.

Além disso, os encargos sociais de contratação são altíssimos. Empresários e entidades de classe atualmente clamam por flexibilização das leis trabalhistas e oferecem soluções para resolver as dificuldades, enquanto buscam soluções alternativas, como a contratação de trabalhadores registrados como firmas, contratos temporários e outras alternativas para reduzir o custo trabalhista de folha de pagamento e permitir viabilidade e perpetuação dos empreendimentos.

Um tributo é, de maneira ideal, o instrumento financeiro para a realização da justiça tributária e, por extensão, da justiça social. A Constituição brasileira prevê cinco tipos de tributo: os impostos, as taxas, as contribuições de melhoria, os empréstimos compulsórios e as contribuições sociais, de intervenção no domínio econômico e de interesse das categorias profissionais ou econômicas. A Constituição ainda determina a quem compete cobrar, recolher e fiscalizar cada um desses tributos: se à União, aos Estados, ao Distrito Federal ou aos Municípios.

18 Mapeando horizontes – as trilhas do empreendedorismo

No Brasil atualmente existem mais de 70 impostos, entre contribuições e taxas, e mais de 15.000 portarias que regulam a tributação dos diversos setores da atividade econômica. Esses tributos atingem as operações de venda de bens ou prestação de serviços das empresas, de maneira direta ou indireta, e exigem atenção e energia do empreendedor para acompanhá-los e saldá-los pontualmente.

O contribuinte deve ainda providenciar as guias dos tributos a serem pagos, efetuar o pagamento e comprovar que esse pagamento foi realmente feito. Ou seja, parte do trabalho de arrecadação e comprovação de pagamento do tributo é feita pelo próprio contribuinte.

Os principais tributos que incidem sobre a atividade empreendedora são a Cofins, o IRPJ e o IPI, todos federais, na esfera estadual, o ICMS e, na esfera municipal, o ISS. Veja no quadro a seguir os principais impostos e suas alíquotas:

Tributo	Alíquota
PIS	0,65%
Cofins	7,60%
INSS (Retenção)	11,00%
INSS (Encargo Empresarial)	20,00%
ISS	5,00%
CPMF	0,38%
IRPJ ou IRRF	15,00%
CSLL	9,00%

Fonte: Instituto Brasileiro de Planejamento Tributário (2005).

É senso comum que a riqueza gera a incidência tributária. No Brasil tem-se uma distorção dessa afirmação, que faz com que os tributos recaiam sobre a expectativa de faturamento, seja ela lucrativa ou não. Assim, a empresa que não tiver lucro suficiente para saldar os tributos devidos os pagará com o seu capital e até com endividamento bancário.

Aqui cabe um comentário realista. Nossas políticas tributárias nem sempre geram desenvolvimento e retribuição e estão longe de promover a justiça social. Ao contrário, coíbem o desenvolvimento por dificultarem o acesso ao crédito, não garantem ao contribuinte a contrapartida do pagamento dos tributos e permitem a concentração de renda, já que a maior incidência de impostos recai sobre os pequenos e médios empreendedores.

Parece um panorama ruim? Não que seja novidade, mas esse é o cenário que todo investidor terá em mente no momento em que for avaliar o seu plano de negócios.

Há ainda outras distorções que prejudicam a atividade de pessoas físicas e jurídicas. A cobrança da CPMF, por exemplo, inicialmente teve caráter regulatório, a fim de ajudar a coibir a sonegação. Hoje ela tem caráter arrecadatório e volta e meia cogita-se o aumento da alíquota e do prazo de arrecadação, que de provisório passou a permanente. Além disso, a CPMF é um dos tributos que incide em cascata. Isso quer dizer que há impostos que incidem sobre outros impostos, como, por exemplo, Cofins, PIS-Pasep e CPMF.

Os impostos são classificados como regressivos ou progressivos. Impostos regressivos incidem sobre bens e serviços consumidos, como o ICMS e a CPMF. O ICMS incluso no leite, por exemplo, é o mesmo para uma pessoa com renda superior a R$ 10 mil mensais ou para outra que recebe um salário mínimo. Impostos progressivos incidem diretamente sobre a renda, como os Impostos de Renda Pessoa Física e Jurídica (IR), o IPTU e o IPVA. Nos impostos progressivos, quanto maior a renda ou preço do bem, maior será a alíquota do imposto. Ou seja, ela aumenta conforme aumenta a base de cálculo.

Países com maior grau de competitividade internacional e melhores índices de equilíbrio social e tributário apresentam um cenário tributário caracterizado por impostos progressivos, o que desonera o setor produtivo da economia e permite que as famílias dediquem mais dinheiro ao consumo do que aos tributos.

De acordo com o Presidente da Confederação Nacional da Indústria, Armando Monteiro Neto, em entrevista à revista Primeira Leitura, a alta carga tributária brasileira ameaça a competitividade das empresas, dentro e fora do País, e encoraja muitos a sonegar. As empresas que estão em dia com suas obrigações tributárias podem se ver competindo com empresas que negligenciam essas obrigações, enquanto as empresas que exportam competem com países onde há menores custos de produção, cenário econômico estável, subsídios à produção e exportação. Também competimos com baixíssimos custos de produção, como é o caso da China, cujo PIB atualmente cresce na ordem de 9,5% ao ano, enquanto o PIB brasileiro se mantém abaixo dos 5% anuais há uma década.

A competitividade de nossas empresas no cenário mundial também está sujeita a fatores como logística, oscilação cambial e impostos. Estes últimos representam uma carga que compõe o preço final do produto. Não é possível exportar impostos e várias medidas já foram tomadas a fim de coibir essas práticas de auto-sabotagem de nosso comércio internacional. As empresas pagadoras de tributos ficam ainda prejudicadas frente a empresas que sonegam e comercializam produtos pirateados.

Enquanto este livro era escrito, o governo editava a chamada "MP do Bem". Essa Medida Provisória visa promover a redução tributária para certos setores e atividades, a desoneração de investimentos produtivos, um incremento da exportação de serviços de TI (Tecnologia de Informação) de empresas de informática, o financiamento de imóveis na construção civil, a redução da alíquota do IPI para zero e a ampliação do prazo de recolhimento do Imposto de Renda na Fonte, IOF e CPMF para pessoas jurídicas.

Outro benefício da "MP do Bem" é a eliminação da retroatividade da exclusão do Simples, quando decorrente de inscrição de débitos na Dívida Ativa da União ou do INSS. Pelo sistema atual, estando com esses débitos nessa situação, a empresa é excluída do sistema simplificado de tributação com efeito retroativo, ou seja, desde a inscrição na Dívida Ativa da União, o que aumenta muito o passivo tributário da empresa.

As empresas enquadradas no regime especial de tributação (Simples) que ficarem inadimplentes com a Receita Federal pagarão os impostos devidos com base no Simples. Até hoje, quando ficavam inadimplentes, essas empresas eram excluídas do Simples e obrigadas a pagar os atrasados com base no Lucro Real. A idéia do governo é facilitar o pagamento dos débitos e permitir que essas empresas possam retornar ao regime especial.

Na década de 90, a carga tributária representava 20% do PIB. De acordo com estudos realizados pelo IBPT, em 2004 o nível de tributação atingiu 40,28% sobre os bens e serviços produzidos e consumidos no Brasil. Apenas a título de especificação, as cargas tributárias de outros países em 2004 foram as seguintes: EUA (28,9%), Japão (27,3%), Espanha (35,6%), Suíça (31,8%), Irlanda (28%),

Reino Unido (35,9%), Islândia (36,7%), Alemanha (36,2%), Hungria (37,7%), República Eslovaca (32,8%), Polônia (34,3%) e Suécia (34,8%).

O governo geralmente aumenta as alíquotas tributárias a fim de compensar a sonegação, o que acaba penalizando quem anda dentro da lei e encorajando outros a seguirem o caminho da informalidade e da sonegação. Mas sonegar é a solução, frente a esse apetite arrecadatório? É claro que não! É antiético, gera prejuízos a todos os segmentos sociais, reduz o volume de contribuições para as iniciativas governamentais de infra-estrutura e fomenta a concorrência desleal. O governo e algumas associações e entidades públicas e privadas vêm se empenhando para realizar ações para combater e punir as práticas de sonegação fiscal, ao mesmo tempo em que buscam instilar nos cidadãos a importância de ser ético nos negócios e na vida em sociedade.

Além disso, as multas para o contribuinte devedor e sonegador são pesadas. Se um contribuinte recolher um tributo a menor e for autuado, a multa será de 75% do imposto, podendo atingir 150%, caso fique evidente o intuito de fraude. Por outro lado, a não-apresentação ou sonegação de informações e documentos perante as autoridades fiscais poderá gerar multa de até 5%, calculada sobre o valor da operação em análise.

Mas nem tudo está perdido para o contribuinte que negligenciou suas obrigações fiscais. O governo criou um programa de regularização dos débitos perante a Secretaria da Receita Federal (SRF), a Procuradoria-Geral da Fazenda Nacional (PGFN) e o Instituto Nacional do Seguro Social (INSS). Esse programa permite que o governo receba créditos de difícil recuperação e ajude a promover a reabilitação de empresas devedoras perante o Fisco. De acordo com a Receita Federal, o contribuinte "pode optar pelo Refis com prestações mensais, que são um percentual sobre sua receita bruta ou pelo parcelamento alternativo ao Refis com prestações mensais iguais a 1/60 (um sessenta avos) do seu débito consolidado. Em ambos os casos incidem juros TJLP".

É um desafio extremo para o contribuinte em débito saldar os valores em haver, parcelando os impostos atrasados e ainda manter em dia os impostos correntes, condições exigidas para a manutenção dos programas. Existe, no entanto, essa alternativa de quitar os débitos e continuar a exercer sua atividade de forma legal.

O peso e a abrangência dos tributos dificultam a atividade empreendedora e a inovação dos negócios. A fim de buscar soluções para essas e outras pesadas questões tributárias, empresários e entidades de classe têm se mobilizado para apresentar soluções aos governantes.

Uma delas é proposta pelo Sebrae e envolve a criação do Simples geral, para que aumente as faixas da receita bruta anual para enquadramento no sistema, o que alteraria o teto das microempresas de R$ 120 mil para R$ 480 mil e o das pequenas, de R$ 1,2 milhão para R$ 3,6 milhões.

Outra iniciativa é da Fiesp, que defende, entre outras propostas, a redução do número de impostos, a criação do Imposto de Valor Adicionado e a recuperação da ética no cenário tributário brasileiro.

As fontes de financiamento

Um dos desafios que se somam aos obstáculos que um empreendedor enfrenta é a busca por capital. Ele não deve ser maior, no entanto, que encontrar a oportunidade certa de negócios. Muitos empreendedores bem-sucedidos começam sem dinheiro e, para aqueles que buscam algum tipo de capital, as fontes de financiamento podem ser privadas ou do Estado. Crédito é, muitas vezes, a alavanca que falta para um empreendedor iniciar suas atividades. Tomar dinheiro nos dias de hoje no Brasil é conviver com o tormento de cargas tributárias.

E por que uma empresa precisa de investimento?

As respostas podem ser várias: para desenvolver novos produtos ou serviços, incrementar a comunicação e *marketing*, promover mudanças nos produtos, nos processos, na cadeia de valor, abrir novas unidades e outras tantas necessidades de capital para dar vazão à visão empreendedora de expansão, diversificação e início de novos negócios.

E de onde vem esse capital?

Pode vir de amigos, família, sócios, incubadoras, bancos, investidores organizados, outras empresas; as escolhas são muitas. No entanto, chegar até eles nem sempre parece tão fácil e os dados do ano de 2003 do IBGE mostram que grande parte do capital para financiamento provém mesmo de economias próprias, amigos, parentes e bancos. Outras linhas de crédito que os empreendedores usam muito são o cheque especial e o cartão de crédito. Mesmo com os juros altíssimos, é a maneira mais fácil de conseguir capital a curto prazo e sem muita burocracia. O pior é conviver com o pagamento das multas, mora, taxa de juros, taxa de operações financeiras e o que mais a criatividade sugadora de alguns permitir cobrar.

Buscar capital nos bancos de varejo é relativamente mais fácil do que recorrer a outras fontes de financiamento. No entanto, o refrão que nos persegue nesse momento histórico são as altas taxas de juros e a conseqüente dificuldade em saldar os empréstimos.

No entanto, o cenário de busca a crédito nos bancos, que antes era pouco animador, apresenta algumas melhoras. As ofertas de crédito estão aumentando, o que facilita o acesso do empreendedor a bancos, oferecendo alternativas a armadilhas, como financiamentos duvidosos e dívidas impagáveis. De alguns anos para cá, os bancos de varejo estão olhando para parcelas da população que pareciam antes não ser tão atraentes, e pequenos e médios empresários estão entre elas. Os bancos assim pulverizam mais seu risco e contribuem significativamente para a inclusão bancária das pessoas informais e pequenas empresárias, que antes ficavam à margem do sistema e recorriam a outras formas menos sadias de financiamento. É lógico que existem conseqüências dessa inclusão, como a ilusão de possuir uma renda imaginária através do crédito e o maior risco de inadimplência dessa parcela da população, mas esse assunto foge de nosso foco. Cabe ao empreendedor, como sempre, julgar as melhores alternativas para si e administrar seus riscos.

Captar dinheiro no mercado de capitais é prática pouco desenvolvida e ainda onerosa no Brasil. Existe despreparo e ilusão com relação ao mercado de capitais. Além do risco, das exigências e das despesas burocráticas e contábeis, não é possível recuar facilmente após a realização de uma abertura de capitais. Esse recuo é feito através da recompra das ações para fechar o capital. Se o negócio prosperou, as ações valorizaram-se bastante e o capital necessário para a recompra também foi às alturas. É uma das melhores formas de conseguir capital em quantidade, mas como todas as alternativas de financiamento, deve ser analisada e considerada com cuidado.

Obter capital para empreender junto a um investidor pode significar o confronto com exigências de retorno sobre o investimento equiparadas ou maiores que o mercado de ações, quando muitos dos empreendimentos existentes dão retorno, com sorte, na faixa do CDI, e sem ainda mencionar nossas elevadas taxas de juros. Independentemente disso, há indivíduos que apostam nos empreendedores e os ajudam a fomentar novas idéias e torná-las negócios lucrativos. São os *angel investors*. Para atraí-los, é necessário mais do que boas ações e orações.

Os *angels* são em geral pessoas acima dos 50 ou 60 anos, com experiência, que querem investir em novos negócios, possuem tino comercial, senso de estratégia, querem diversificar atividades, ter novas paixões empresariais na vida e até mesmo ajudar e orientar quem está começando.

Esses investidores realizam o aporte do capital, interessando-se pelo crescimento da empresa, prestando consultoria e compartilhando suas experiências com os empreendedores. Assim, além de viabilizarem o acesso ao capital, também contribuem para aumentar as probabilidades de sucesso das empresas nas quais investem.

Ao considerar um investidor como fonte de financiamento, tenha em mente as seguintes perguntas:

- Qual o tipo ideal de investidor para o seu negócio?
- Como abordar o investidor e vender a idéia?
- O investidor será um sócio atuante, um interessado ou um sócio capitalista, interessado no retorno financeiro do negócio, que, em tese, deve ser maior que o de aplicações financeiras disponíveis?

No caso de empreendimentos de base tecnológica no Brasil, há um grau reduzido da cultura de capital de risco e poucos mecanismos de suporte a empreendimentos nascentes, como incubadoras e parques tecnológicos. Com o passar dos anos, felizmente, vem crescendo o número de instituições, associações e linhas de crédito que fornecem suporte administrativo, gerencial e consultivo para empreendedores. Essas instituições, além das funções já descritas, também proporcionam o acesso dos empreendedores a investidores no capital de risco.

Caso você opte por um *angel* ou capitalista de risco, saiba que este investidor ou financiador está em busca de desempenho, transparência, qualidade da gerência e dos funcionários, composição e compromisso da alta gerência da empresa e do plano de negócio. Ele certamente cobrará isso, pois espera ganhos acima dos proporcionados pelo mercado financeiro para seu investimento.

No Brasil, as políticas e as instituições públicas para apoio a empreendedores são os bancos de fomento e alguns programas, como os Programas RHAE, Pipe da Fapesp, Softex, Prosoft, Finep, Inovar, SebraeTec e Brasil Empreendedor.

Mas nem só de aparições de anjos investidores vive o empreendedor. Há também o BNDES, um banco de fomento que financia o micro, o pequeno e o médio empreendedor através de programas sociais. De acordo com o próprio banco, o BNDES financia "implantação, expansão e modernização de atividades produtivas e da infra-estrutura; comercialização de produtos e serviços no Brasil e no exterior; capacitação tecnológica; e treinamento de pessoal, formação e qualificação profissional".

As operações são negociadas e contratadas junto a instituições de microcrédito, que se encarregam de repassar os recursos ou realizar financiamento às pessoas físicas. Para obter esses recursos, é preciso procurar os bancos credenciados, que geralmente são os grandes bancos do País. Entre os repassadores de recursos do BNDES estão bancos comerciais, bancos cooperativos, bancos múltiplos, bancos de desenvolvimento, bancos de investimento, agências de fomento, Finep e Caixa Econômica Federal (CEF).

Entre as principais linhas de crédito no mercado existem as de crédito para capital de giro, investimento e exportação.

As linhas de financiamento mais baratas para a aquisição de máquinas e equipamentos são as dos bancos públicos, BNDES e Proger do Banco do Brasil e da CEF.

Em uma operação de crédito, as garantias exigidas variam de banco para banco, conforme a operação. Se for uma operação de capital de giro, as garantias são pessoais, como aval, duplicatas, notas promissórias ou cheques. No caso de uma operação de financiamento, as garantias são reais (bens imóveis, penhor, alienação fiduciária).

A documentação básica solicitada para análise de crédito é:

1. cadastro da pessoa jurídica;

2. cadastro dos sócios/dirigentes;

3. informações adicionais da empresa;

4. autorização para levantamento de informações cadastrais;

5. Declaração de Rendimento dos Sócios;

6. três últimos balanços;

7. último balancete.

Ao lado do Sebrae e do BNDES, alguns bancos de varejo atuam perante as empresas participantes de Arranjos Produtivos Locais (APLs). Os APLs são regiões que reúnem diversos micro, pequenos e médios empreendimentos em torno de uma atividade comum, que cooperam entre si, empregam mão-de-obra qualificada e recebem o apoio de instituições locais públicas e privadas, como o MCT, o MDIC e o Sebrae. Os APLs devem ter relevância econômica e social, comprovar a presença de micro, pequenas e médias empresas, oferecer empregos, dinamizar regiões que de outra forma ficariam estagnadas e trazer um caráter de inovação à região, na forma de cooperação entre empresas e entidades como universidades e centros tecnológicos. Alguns exemplos de APLs são o Porto Digital do Recife (PE), setor metal-mecânico em Caxias do Sul (RS), jóias no Rio de Janeiro (RJ), couro e calçados em Campina Grande (PB) e em Franca/Birigui (SP).

De acordo com dados do Sebrae, está aumentando a parcela de empreendimentos de micro e pequeno porte que conseguem captar dinheiro em instituições financeiras. Em 2000, apenas 8% das micro e pequenas empresas fizeram algum empréstimo nos bancos oficiais e privados. Em 2004, foram 22%, quase três vezes mais.

A indústria de capital de risco vem se tornando mais conhecida e expandindo sua atuação junto aos empreendedores. Capital de risco é definido como uma atividade de participação no capital de uma empresa, geralmente nova, acentuando o aspecto mais dinâmico, arriscado e aventureiro do investimento realizado.

O capital de risco é uma reunião de diferentes capitais, na qual o investidor se propõe a ser um sócio ativo, participando dos riscos do empreendimento, mesmo estando implícita a possível perda dos recursos alocados. Além disso, o sócio tem liberdade de sair do negócio através da cessão de títulos, sem compromisso de resgate.

As companhias de capital de risco apresentam três características específicas que as tornam distintas em relação a outras empresas de investimento:

- envolvimento ativo com o empreendimento;
- participação temporária na empresa;
- aceleração da transformação da estrutura econômica.

Como em todas as situações da vida em que um acordo entre partes precisa ser feito, o empreendedor e o financiador precisam convergir a fim de fechar um bom acordo.

O pior cenário para um empreendedor é procurar os investidores quando está com água no nariz; não possuir um plano de negócios bem articulado e estruturado; não se preocupar com a verdadeira razão de precisar de recursos; e sentir-se inseguro após o investimento. Nesse cenário, ele pode encontrar um investidor com pouco tempo para análise, que prefira negócios muito bem estruturados e com premissas fortes, que se limite a alguns segmentos, que analise se o seu perfil de investimento está de acordo com a atuação da empresa e que prefira empreendedores que saibam o como, o porquê, o quanto e o quando da necessidade de capital.

A fim de reduzir ou eliminar as chances do pior cenário em sua vida, um empreendedor deve estar bem preparado em relação a premissas e plano de negócios, em dia com suas obrigações tributárias e trabalhistas, planejar, pensar e repensar seu negócio antes de apresentá-lo a um financiador, como um banco de varejo, banco de fomento, sócio capitalista, amigo ou familiar.

É extremamente válido pensar a questão formal primeiro, para não arriscar incorrer em riscos tributários, tais como só pagar os impostos devidos quando tiver dinheiro em caixa ou divergir com o sócio quanto à missão e à estratégia da empresa e terminar o negócio antes de ele decolar.

Até mesmo para conseguir um financiamento é preciso estar com as questões tributárias e a documentação em dia. Se o investidor, seja ele um banco, seja familiar, seja sócio, seja investidor de risco, ficar ressabiado com sua situação, pode perfeitamente não fazer o aporte de capital.

Logo, independentemente da fonte de financiamento escolhida, o plano de negócios é essencial para buscar financiamento junto a terceiros e até mesmo com amigos e parentes. Para maior detalhamento sobre plano de negócios, veja o Capítulo 4.

Preparando-se bem, o empreendedor também saberá que tipo de investimento é indicado para o ciclo de vida de seu negócio e tomará a decisão mais acertada para sua vida. Apresentamos a seguir um resumo dos tipos de capital e suas fontes.

Na fase inicial do negócio, o empreendedor conta com economias pessoais ou capital de família ou amigos. Fornecedores, clientes, parceiros e funcionários também podem contribuir, parcelando o pagamento de matéria-prima ou trabalhando por participação nos resultados da empresa, como o caso dos funcionários da antiga Nutec/ZAZ, hoje Terra Networks.

Após cerca de dois a três anos de vida, enquanto o empreendimento está se desenvolvendo, pode surgir um *angel investor*. Ele injeta capital, quer participação acionária e a empresa evolui mais.

Pode então chegar a época do capital de risco. O negócio está consolidado, a empresa quer se expandir ainda mais e atrai ou sai em busca de sócios capitalistas. Esses são os grandes bancos de investimento, que buscam empresas com alto potencial de desenvolvimento e que oferecem retornos acima da média de mercado.

Capital de risco não é para empresas iniciantes, e sim para aquelas empresas que não são mais *start-ups* e precisam crescer rapidamente. Os sócios capitalistas não precisam estar presentes no dia-a-dia do negócio, mas cobram o investidor, podendo ainda ser sócios minoritários.

Segue-se um quadro-resumo para as necessidades de investimento e as fontes de financiamento, bem como os estágios do ciclo de vida do negócio:

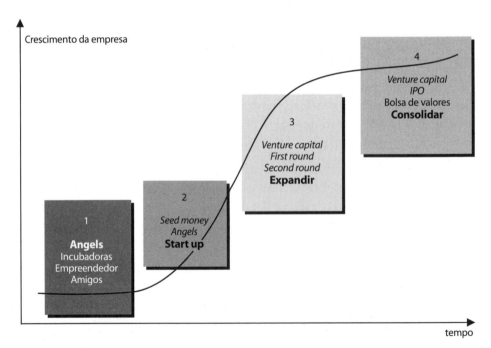

Fonte: Dornelas, 2001.

Agora que você já tem noção de onde pode vir seu capital, descreveremos as exigências legais e burocráticas para formalizar a sua empresa. O Novo Código Civil, em vigor desde janeiro de 2003, atualizou as exigências para a abertura e a regularização de micro, pequenas e médias empresas.

Registro de empresas

Além dos assombrosos e lendários atuais 152 dias necessários para a abertura de um negócio no Brasil, a iniciativa requer capital e o preenchimento das necessidades burocráticas para a formalização do empreendimento.

Segundo o Banco Mundial, um empreendedor no México precisa de 58 dias para realizar os trâmites e na República Tcheca, 40 dias.

Já para fazer valer na Justiça um contrato no Brasil são necessários 566 dias. No México, 421 dias, e na República Tcheca, 300 dias. Esses números confirmam a dificuldade para abrir uma empresa no Brasil, somados às incertezas econômicas, regras mutáveis, custos trabalhistas excessivos e infra-estrutura deficiente. No entanto, o empreendedor deve superar todas essas dificuldades e quaisquer outras que aparecerem se quiser se tornar bem-sucedido e prosperar.

Sobre as dificuldades de abrir uma empresa no Brasil, o *Wall Street Journal* conta que um ex-gerente da Royal Dutch Shell tentou abrir uma empresa de telecomunicações aqui. Teve de ir a oito repartições e gastou um total de seis meses para recolher toda a papelada. Sua principal dificuldade foi com o talonário de notas fiscais, que não estava nas medidas exigidas pela Receita Estadual. O ex-gerente da Royal Dutch avaliou o custo desse atraso em US$ 20 mil, o que seria um aporte de capital razoável para muitos empreendedores em início de atividade no Brasil.

Nos itens a seguir você terá informações para o registro de empresas dos setores de indústria e comércio e sua respectiva classificação. Depois você terá o passo a passo para o registro de empresas do setor de serviços, seguido da sua caracterização.

Como legalizar seu empreendimento

Após identificar sua oportunidade de negócios e escolher suas fontes de financiamento, você deve pensar no contrato social da empresa e definir o setor de atividade, para evitar ter limitações legais no futuro. É possível optar pelos setores industrial, comercial ou prestação de serviços.

Empresas do setor industrial estão envolvidas na transformação de matérias-primas, indo do artesanato à tecnologia de ponta. Empresas comerciais se ocupam da venda direta ao consumidor ou da compra junto a um fornecedor e do repasse a um canal de distribuição. Já a prestação de serviços envolve a entrega de um trabalho ou serviço ao consumidor, sem se ocupar da venda de mercadorias.

Feita a escolha do setor de atividade, é hora de pensar na escolha e no registro do nome da empresa. Toda empresa exerce suas funções e cumpre suas obrigações perante a sociedade através de um nome empresarial. Esse nome pode incluir a firma individual, a razão social ou a denominação social e deve conter os princípios da veracidade, da novidade e identificar o tipo de sociedade. Por veracidade entende-se adotar palavras que estejam previstas no escopo de atividades da empresa. A novidade pressupõe que, em um mesmo Estado, não possam existir nomes empresariais iguais ou semelhantes. A identificação da sociedade é feita através do registro de ME (microempresa) ou EPP (Empresa de Pequeno Porte).

A classificação mais encontrada no Brasil quanto ao porte das empresas é a feita pelo Sebrae, conforme o número de funcionários. Veja a seguir:

Indústria	Número de funcionários
Micro	1 a 19
Pequena	20 a 99
Média	100 a 499
Grande	Mais de 500

Comércio e serviços	Número de funcionários
Micro	1 a 9
Pequena	10 a 49
Média	50 a 99
Grande	Mais de 100

Outro critério para classificar as MEs e as EPPs é a receita bruta. Os valores vigentes foram atualizados pelo Decreto nº 5.028, de 31.03.2004. Esse ato legal corrigiu os limites originalmente estabelecidos pela Lei n° 9.841/1999, que instituiu o Estatuto da Microempresa e da Empresa de Pequeno Porte. Os valores eram R$ 244 mil e R$ 1,2 milhão, respectivamente. Vale notar que essa alteração não se aplica às empresas optantes pelo Simples. A classificação é a que se segue e serve tanto para a tributação quanto para o enquadramento das MEs e das EPPs nos programas de concessão de crédito:

- Microempresa: receita bruta anual igual ou inferior a R$ 433.755,14;

- Empresa de Pequeno Porte: receita bruta anual superior a R$ 433.755,14 e igual ou inferior a R$ 2.133.222,00.

O passo seguinte é abrir a empresa. Para tanto, você deve se encaminhar à Junta Comercial de seu Estado e apresentar os seguintes documentos:

- requerimento/capa-padrão;

- Formulário de Exigência de Sociedade Mercantil;

- contrato social em três vias;

- documentos de identidade autenticados dos sócios, gerente ou procurador;

- declaração de desimpedimento criminal dos interessados;

- comprovantes de pagamento Gare e Darf.

O Contrato Social deve conter obrigatoriamente:

- nome empresarial;

- capital da sociedade, participação de cada sócio, forma e prazo de integralização;

- município da sede, com endereço completo;

- declaração do objeto social;

- declaração da responsabilidade dos sócios;

- prazo de duração da sociedade;

- data de encerramento do exercício social;

- nomeação de gerente;

- foro contratual.

Fonte: *Como abrir e administrar seu próprio negócio*, Publifolha.

Na hora de registrar a empresa, cada Estado adota seus próprios procedimentos para formalizar o registro. No entanto, existem alguns procedimentos-padrão, como veremos a seguir.

Nome empresarial

Quando o empreendedor formaliza seu negócio, deve indicar o nome empresarial. Este pode ser uma firma ou uma denominação. A **Firma** é o nome utilizado pelo empresário individual, pelas sociedades em nome coletivo, de capital e indústria e em comandita simples. A **Denominação** é o nome utilizado pelas sociedades anônimas e cooperativas e, em caráter opcional, pelas sociedades limitadas e em comandita por ações.

Registro de marcas

A requisição da marca deve ser feita no Instituto Nacional da Propriedade Industrial (Inpi) e o registro garante o seu uso em todo o território nacional.

Uma marca pode ser registrada por pessoa física ou jurídica que exerça atividade legalizada e efetiva. O registro dessa marca é válido por 10 anos, podendo ser prorrogado após esse período.

Se você é um empreendedor que pretende atingir o mercado externo, lembre-se de que uma marca ou patente registrada no Brasil é protegida só no território nacional.

Esteja atento a isso. Imagine que você tenha registrado sua marca no Brasil e seus produtos tenham tido ótima aceitação no mercado interno. Você decide exportá-los, mas um empresário concorrente muito esperto já se antecipou e solicitou o registro dessa marca no exterior. O que você pode fazer? Comprar a marca desse concorrente? Criar uma nova marca e começar tudo do zero, competindo com a credibilidade e o sucesso de sua própria ex-marca? Ingressar com uma ação judicial e esperar anos por uma decisão que lhe restitua seu direito de propriedade?

Na dúvida, registre sua marca ou patente no Brasil, no exterior e no sistema solar.

Existem empresas especializadas que prestam esse tipo de serviço, mas, para a maioria dos empreendedores, essa acaba sendo uma barreira muito séria. Existe uma enorme quantidade de registros e, muito provavelmente, o nome que você escolheu já pode ter sido registrado por alguém. Temos casos de empresas que registram nomes potenciais ou que existam comercialmente em outros países, mas ainda não reconhecidos no Brasil, apenas para poderem negociar com eles no momento em que lhes for mais conveniente.

Impostos e contribuições

Os impostos que incidem sobre as operações e os tipos de empresas são classificados da seguinte forma:

Impostos incidentes					
Imposto / Tipo de empresa	ICMS	ISS	IPI	PIS	Cofins
Prestadora de serviços	✘	✓	✘	✓	✓
Comércio	✓	✘	✘	✓	✓
Indústria	✘	✘	✓	✓	✓
Comércio e indústria	✓	✘	✓	✓	✓

Fonte: *O Segredo de Luísa*, Fernando Dolabela.

Algumas noções básicas, quando se fala em tributação, envolvem os conceitos de **fato gerador**, **base de cálculo** e **alíquota**. O **fato gerador** é a materialização da hipótese de incidência prevista na lei, que gera uma obrigação tributária, por exemplo, a compra de um imóvel.

A **base de cálculo** é o valor sobre o qual é aplicado um percentual (ou alíquota), que resulta no valor do tributo a pagar (por exemplo, o valor venal do imóvel adquirido).

Já a **alíquota** é o percentual que, ao ser aplicado sobre a base de cálculo, determina o valor do tributo a ser recolhido.

A seguir, encontraremos uma descrição geral sobre as principais exigências a serem cumpridas para a formalização de uma empresa. Vale notar que cada

Estado possui o seu conjunto de regulamentações e que, como sempre, uma consulta a um advogado ou contador é indispensável.

Antes de mais nada, é preciso escolher qual será a natureza jurídica de sua empresa: firma individual, sociedade comercial ou sociedade civil.

O Novo Código Civil não mais adota como critério de divisão das sociedades as atividades por elas exercidas, como acontecia no Código Comercial de 1850 e no anterior Código Civil, de 1916. Deixa de existir, assim, a tradicional distinção entre sociedades comerciais ou mercantis e sociedades civis. A nova legislação, pautando-se na chamada "teoria da empresa", passou a adotar como critério de classificação o aspecto econômico da atividade desenvolvida e não mais a atividade em si. (Fiesp)

Segundo o Novo Código Civil, considera-se contrato de sociedade aquele mediante o qual as pessoas reciprocamente se obrigam a contribuir, com bens ou serviços, para o exercício da atividade econômica e a partilhar, entre si, os resultados.

A sociedade pode ser empresária, se tiver por objeto atividade econômica organizada para a produção ou a circulação de bens ou serviços ou simples, nos demais casos. Independentemente de seu objeto, a sociedade anônima é sempre empresária e a cooperativa é sempre considerada uma sociedade simples.

Firma individual

É propriedade de uma única pessoa, cujo dono tem responsabilidade ilimitada, e o nome dele é o da empresa. As vantagens são a facilidade de constituí-la, com baixas despesas, e a forma de declaração de impostos, pois não se declara como pessoa jurídica. Por outro lado, uma firma individual tem dificuldades para conseguir financiamentos de grande volume e o negócio está restrito à duração da vida de quem a constituiu, além de a responsabilidade ilimitada poder representar um grande problema em caso de falência.

Para constituí-la são necessários os seguintes documentos:

- declaração de firma mercantil individual;
- CPF e RG do titular;
- comprovante de residência do titular;
- carta de solicitação de enquadramento de microempresa;

- contrato de locação, escritura do imóvel ou equivalente;
- Cadastro Nacional de Pessoa Jurídica (CNPJ);
- Documento de Arrecadação da Receita Federal (Darf);
- capas de acompanhamento da Junta Comercial para microempresa;
- Ficha de Atualização Cadastral (FAC);
- Requerimento de Enquadramento do Simples (RES).

Registro de firma individual

No Cartório de Registro Civil de pessoa jurídica não é necessário apresentar o contrato social. Apresentam-se a ficha cadastral, declaração de firma mercantil individual e requerimento de enquadramento no Simples. E, ainda, os seguintes documentos: inscrição federal no CNPJ na Secretaria da Receita Federal e Inscrição Estadual na Secretaria Estadual da Fazenda.

Sociedade comercial

É constituída por duas ou mais pessoas, com fins comerciais, industriais ou ambos. Pode ser uma sociedade por cotas de responsabilidade limitada, em que as responsabilidades de cada sócio estão limitadas pelo valor da cota ou por ações, que têm duração ilimitada e cuja propriedade pode ser transferida mais facilmente que os outros modelos de firma. Esse tipo de sociedade oferece mais segurança aos acionistas, pois se vale de regras mais rígidas. O capital social é dividido em ações, e cada acionista responde pelo preço das ações adquiridas. Por tais exigências e salvaguardas, é um modelo adotado por grandes empresas.

No contrato social devem constar a assinatura de um advogado inscrito na Ordem dos Advogados do Brasil (OAB), de duas testemunhas e a identificação do contador da empresa. Além disso, são necessários:

- CPF e RG dos sócios;
- RG das testemunhas;
- comprovante de residência;
- contrato de locação, escritura do imóvel ou equivalente;
- contrato social;

- capas de acompanhamento da Junta Comercial com os formulários:
- CNPJ;
- Cadastro Nacional de Empresas – Modelo 1 – FCN 01;
- Cadastro Nacional de Empresas – Modelo 2 – FCN 02;
- requerimento de enquadramento como microempresa.

Registro de sociedade por quotas

1º Passo: providenciar na Junta Comercial o registro e o enquadramento da empresa como microempresa e a guarda do contrato social. O contrato social estabelece as normas de relacionamento entre os sócios e a sociedade e entre a sociedade e terceiros, além de estabelecer os direitos e obrigações.

2º Passo: efetuar a inscrição na Secretaria da Receita Federal/Secretaria Estadual da Fazenda. Na SRF ocorre a inscrição da empresa no CNPJ e na SEF, a inscrição estadual.

3º Passo: retirar o alvará de funcionamento da empresa na prefeitura.

Sociedade civil

É composta de duas ou mais pessoas e restrita à prestação de serviços. Esse tipo de sociedade não pode se engajar em atos de comércio e não está sujeito à falência.

Satisfeitas todas as exigências legais, é hora de mandar confeccionar o talonário de notas fiscais, faturas e os demais documentos legais. As notas devem ser impressas apenas em gráficas autorizadas e registradas na Secretaria da Fazenda, mediante apresentação de autorização desta. As notas fiscais variam de acordo com o ramo de atividade da empresa e com a forma de comercialização de produtos ou serviços.

A seguir você encontra um guia para o registro de empresas dos setores de indústria e comércio. Depois, para o registro de empresas do setor de serviços.

Registro de empresas dos setores de indústria e comércio

Para obter esse registro, deve-se providenciar:

1º Passo: consulta prévia de local para fins de alvará de funcionamento.

2º Passo: busca de nome empresarial idêntico ou semelhante.

3º Passo: registro da empresa e proteção ao nome empresarial.

4º Passo: Cadastro Nacional da Pessoa Jurídica (CNPJ), antigo CGC, na Secretaria da Receita Federal (SRF).

5º Passo: alvará de licença/corpo de bombeiros.

6º Passo: alvará de licença e funcionamento.

7º Passo: Certidão Negativa de Débito para com a Fazenda Pública Estadual – Agência da Receita Estadual (ARE) da circunscrição do titular ou dos sócios.

8º Passo: Inscrição Estadual/Agência da Receita Estadual (circunscrição do contribuinte).

9º Passo: inscrição na Previdência Social/Instituto Nacional de Seguridade Social (INSS).

10º Passo: Solicitação de Autorização para Impressão de Documentos Fiscais na Agência de Receita Estadual (circunscrição do contribuinte).

11º Passo: inscrição no sindicato patronal.

12º Passo: inspeções, registros e licenças junto a outros órgãos públicos.

Registro de empresas do setor de serviços

Para obter esse registro, deve-se providenciar:

1º Passo: consulta prévia para fins de alvará de funcionamento.

2º Passo: registro da empresa no cartório de Registro Civil de Pessoas Jurídicas.

3º Passo: Cadastro Nacional da Pessoa Jurídica (CNPJ), antigo CGC, na Secretaria da Receita Federal.

4º Passo: alvará de licença/corpo de bombeiros.

5º Passo: alvará de licença e funcionamento.

6º Passo: inscrição no Cadastro Mobiliário de Contribuintes (CCM), na Secretaria Municipal de Fazenda.

7º Passo: inscrição na Previdência Social/Instituto Nacional de Seguridade Social (INSS).

8º Passo: Solicitação de Autorização para Impressão de Documentos Fiscais na Secretaria Municipal de Fazenda.

9º Passo: inscrição no sindicato patronal.

10º Passo: inspeções, registros, licenças junto a outros órgãos públicos.

A adição ao nome empresarial das expressões ME, ou microempresa, e EPP, ou empresa de pequeno porte, não pode ser efetuada no contrato social e na Declaração de Empresário. Somente depois de ter sido aprovada pelo órgão competente a comunicação referente ao pedido de enquadramento, independentemente de alteração do ato constitutivo, a microempresa adotará, em seguida ao final do seu nome, a expressão "microempresa" ou, abreviadamente, "ME" e a empresa de pequeno porte a expressão "empresa de pequeno porte" ou "EPP". É privativo de microempresa e de empresa de pequeno porte o uso dessas expressões. É importante lembrar que, nos atos posteriores ao da constituição, deve-se fazer a adição dessas expressões ao nome comercial. Depois de inscrita no CNPJ, a pessoa jurídica formalizará sua opção pela adesão através de alteração cadastral, que deverá ser realizada até o último dia útil do mês de janeiro do ano-calendário.

A pessoa jurídica em início de atividades pode formalizar sua opção por ocasião de sua inscrição no CNPJ.

Tributos

Segundo o provérbio popular, há apenas duas coisas certas na vida: a morte e os impostos. Sendo assim, começamos esta seção com algumas noções sobre o Simples, o sistema que permite às pequenas empresas recolherem tributos e contribuições federais através de um único documento. O cálculo é feito sobre os percentuais do faturamento bruto do mês anterior.

Uma empresa inscrita no Simples faz o pagamento mensal unificado de Imposto de Renda Pessoa Jurídica (IRPJ), PIS-Pasep, CSLL, Cofins, IPI, e Contribuições para a Seguridade Social.

O Simples é um sistema de pagamento de tributos para microempresas e empresas de pequeno porte. Ele foi criado em 1997 para permitir que o micro, pequeno e médio empresário se desonerasse de controles fiscais e pudesse se concentrar no desenvolvimento de suas atividades econômicas.

O nome Simples sugere a facilidade para o cumprimento da obrigação mensal do contribuinte, que é pagar todos os impostos e as contribuições com uma guia, uma vez por mês, com um percentual fixo da receita. Esse sistema permitiu que micro, pequenos e médios empreendedores, que viviam na informalidade, registrassem suas empresas e seus funcionários e passassem a pagar impostos. O índice de formalização de negócios aumentou, bem como a arrecadação da receita e do INSS.

Mas tudo que é bom dura pouco. O governo tem progressivamente excluído algumas atividades do Simples, enquadrando-as no sistema Lucro Real ou Lucro Presumido.

Entre as 3.200 atividades cadastradas na Receita Federal, somente cerca de 250 podem hoje optar pelo Simples. Entre os excluídos estão sociedades prestadoras de serviços, de manutenção, academias de ginástica, escolas e os profissionais liberais, como médicos, dentistas, engenheiros, arquitetos, psicólogos, contabilistas e professores. Assim, mesmo que se enquadrem em faturamento bruto anual, muitas empresas não podem optar pelo Simples por exercerem as chamadas atividades impeditivas. A lista das atividades pode crescer ou ser modificada. Mesmo que sua empresa exerça apenas uma das atividades vedadas ao Simples, ou que você planeje exercê-la, não poderá optar pelo Simples.

No caso da Syntese, não pudemos optar pelo Simples porque ficaríamos impedidos de ministrar aulas e cursos e teríamos nossa atuação junto ao Sebrae limitada.

Quem tem microempresa com faturamento de até R$ 120mil/ano pode optar pelo Simples. A ME pagará de 3% a 5% de sua receita e não pagará impostos federais e contribuições sociais.

As empresas de pequeno porte (EPPs), com faturamento de R$ 120 mil a R$ 1,2 milhão, podem optar pelo Simples, mas estão sujeitas a alíquotas mais altas (de 5,4% a 9% do faturamento).

Como opção, tem-se o regime do Lucro Presumido, que pode ser adotado por empresas com faturamento de até R$ 48 milhões/ano, ou o regime do Lucro Real, aberto a qualquer empresa. O que determinará a escolha é o volume das despesas, do lucro e o ramo de atividade da empresa. O sistema do Lucro Real incide sobre o lucro contábil que a empresa efetivamente gera. O sistema do Lucro Presumido não requer cálculos, é pago com o percentual da receita estimada. A maioria das empresas prestadoras de serviço está enquadrada no sistema do Lucro Presumido.

As empresas tributadas pelo Lucro Real estão sujeitas ao regime não cumulativo para a Cofins e a contribuição ao PIS. A alíquota para o PIS é 1,65% e para a Cofins, 7,6%.

As vantagens desse sistema são a menor burocracia e a possibilidade de o contribuinte escolher entre um sistema ou outro. Até R$ 24 milhões de faturamento é permitido escolher. Se é possível escolher, é possível também saber a margem de rentabilidade e, se ela ficar acima dos percentuais que a lei estabelece, é melhor escolher o Lucro Presumido, e pagar menos.

A fim de melhor planejar o pagamento dos tributos, as empresas devem estimar quanto vão auferir de lucro durante o exercício. Dependendo do valor auferido, se essa estimativa for inferior ou superior ao percentual que a lei estabelece para Lucro Presumido, o empreendedor pode optar por recolher seus tributos com base no Lucro Real ou no Lucro Presumido. Essa escolha, chamada planejamento tributário, feita de maneira criteriosa e dentro do que é previsto em lei, é vital e pode reduzir a carga tributária devida sob um determinado exercício. Vale observar as receitas ao longo do tempo e sua projeção ao longo do ano para não fazer uma escolha apressada e equivocada com base nos primeiros meses de apuração de lucro.

A opção pelo Lucro Presumido é recomendada quando o lucro superar as estimativas utilizadas pela Receita Federal (de 8% a 32% sobre o faturamento, de acordo com a atividade) para calcular o imposto. Se o lucro for inferior às estimativas, o regime do Lucro Real compensa mais.

Assim, para as prestadoras de serviço, cujo custo de produção é aparentemente baixo, o lucro gira facilmente na casa dos 80%. Por isso o lucro supera os custos em valores totais e, nesse caso, é melhor optar pelo sistema do Lucro Presumido.

O sistema do Lucro Real interessa também a quem pretende investir no negócio ou tem uma quantia significativa de depreciações de bens, como veículos, máquinas e imóveis, para contabilizar como despesa. O mesmo caminho deve ser seguido por empresas que estejam com resultado negativo. Assim, não precisarão pagar tributos sobre um lucro que efetivamente não tiveram, como aconteceria no sistema do Lucro Presumido. Mencionamos aqui a máxima de que no Brasil é possível pagar imposto sem gerar lucro.

Ressaltamos, ainda, que grande parte dos tributos no Brasil incide sobre as receitas, e não sobre o lucro da empresa, assim como ocorre com o imposto regressivo, com o qual acontece o fenômeno de o mais rico pagar exatamente o mesmo que o mais pobre em impostos embutidos nos produtos. Isso é injusto e um contra-senso que deveria ser corrigido.

Em suma, um empreendedor deve seguir estas exigências básicas para agir legalmente:

1ª registrar-se na Junta Comercial ou cartório, cadastrar-se no CNPJ junto à Receita Federal, obter a Inscrição Estadual junto à Secretaria da Fazenda, obter Cadastro de Contribuinte Mobiliário na Prefeitura Municipal.

2ª solicitar Alvará de Funcionamento;

3ª emitir notas fiscais na comercialização dos seus produtos ou serviços;

4ª recolher os tributos devidos;

5ª entregar as informações socioeconômicas exigidas.

Concluindo, as obrigações tributárias e legais são parte da vida do empreendedor e de seu negócio, e ele deve estar atento ao seu funcionamento e cumprimento. Negligenciá-las de maneira inconsciente ou tentar burlá-las conscientemente significa trazer para si problemas e arranhar a reputação da classe empreendedora.

O cenário está melhorando, a atividade empreendedora cresce a olhos vistos no Brasil e temos tudo para transformar nossa criatividade, nosso esforço e nosso trabalho em crescimento e prosperidade pessoal e coletiva.

Este capítulo tem como objetivo proporcionar apenas uma orientação e não pretende substituir a experiência e o aconselhamento de advogados, contadores e tributaristas. Consulte todos eles a fim de tomar a melhor decisão para si e para o futuro de seu negócio.

Mãos à Obra – Montando o Mapa da Empresa

Capítulo 4

Dando alma à empresa – Definição de visão e missão

Quando começamos a dar forma às nossas idéias, à medida que elas vão se concretizando, é preciso dar essência a toda essa estrutura. Não são raras as vezes em que encontramos empreendedores que somente se preocupam com a parte física e burocrática da empresa e deixam para depois a definição dos valores e do rumo que se deseja tomar.

Missão e visão, apesar de parecerem filosofia para um mundo comercialmente agressivo, são os dois pontos que nortearão as ações e a busca de resultados. Sem elas, ficaríamos correndo apenas atrás do dinheiro, quando este não é o único responsável por tornar a empresa sustentável.

Lendo o que Kotler (1988) diz a respeito deste tema, temos de considerar que a história, as preferências administrativas e dos sócios, as competências únicas desta nova empresa e o ambiente em que ela está surgindo são fatores que, mesclados, devem dar a essência, o alinhamento correto entre os elementos que interagirão na busca de resultados, servindo como diretrizes para funcionários e parceiros na busca de uma direção comum.

A missão é mais bem definida quando temos preparada a visão, ou seja, um cenário em que, independentemente de possuir ou não bases sustentáveis, podemos lançar um desafio futuro para a empresa, em 10 ou 20 anos. Por isso, visões podem ser sonhos impossíveis e devem ser atualizadas quando se afastarem demais do mundo real, o que pode acontecer em intervalos menores do que 10 anos.

E quando falamos sobre a definição de missão de uma empresa, as resoluções que devem ser tomadas são mais profundas, pois envolvem tanto o código de ética que a empresa seguirá quanto a definição de metas e das arenas onde ocorrerão os embates comerciais e técnicos.

Começamos a nos perguntar coisas aparentemente simples, que podem gerar muito desgaste entre os sócios, mas que devem ser respondidas nesta fase: Qual é o meu negócio? Quem serão os meus consumidores? Quais são as competências essenciais da empresa? Em qual mercado atuaremos? Quais são os objetivos para os próximos 10 anos?

O fundador da Starbucks, o senhor Howard Schultz, que modificou radicalmente a forma como o norte-americano prepara e saboreia o café, diz em seu livro *Dedique-se de Coração* (1999):

> Qualquer que seja a sua cultura, seus valores, seus princípios diretores, você terá que adotar passos para inculcá-los na organização desde o início para que possa guiar cada decisão, cada contratação, cada objetivo estratégico que for definido. A coisa mais importante que você faz no trabalho diariamente é comunicar os seus valores aos outros, especialmente aos recém-contratados. Estabelecer o tom correto desde o princípio de uma empresa, qualquer que seja o seu porte, é um elemento vital para seu sucesso em longo prazo.

Podemos ter a missão como uma promessa feita para o mercado. Esta é uma definição normalmente encontrada, mas se pensarmos melhor é bem mais do que isso, você não acha? Estamos falando da essência da nossa empresa e não apenas do que estamos falando ao mercado e isso deve envolver mais do que boas intenções, mas dar sustentação a uma imagem anteriormente criada pelos profissionais envolvidos no projeto.

Construção da marca

Para Kotler (1998):

> Uma marca é um nome, termo, sinal, símbolo ou combinação dos mesmos, que tem o propósito de identificar bens ou serviços de um vendedor ou grupo de vendedores e diferenciá-los de concorrentes.

Conforme encontramos nos textos de alguns autores, como Engel (2000), as marcas têm três dimensões. Analisemos melhor:

- A primeira: atributos físicos (cor, preço e ingredientes).

- A segunda: atributos funcionais (as conseqüências do uso de um produto).

- A terceira: sua caracterização, sua personalidade, como é percebida pelos consumidores, por exemplo, os produtos que levam a marca Disney.

Qual das três dimensões agrega mais força? Quando falamos em cigarros, algumas marcas rapidamente surgem em nossa mente e, com certeza, não são pelos seus atributos funcionais. Estamos passando por uma campanha de esclarecimento sobre o uso do tabaco, em que existe uma forte discriminação contra pessoas que fumam, limitando espaços e a freqüência em ambientes sociais. Com tudo isso, pergunto: Ainda existem muitos adeptos do tabagismo? Verifiquemos alguns dados sobre o assunto, relatados pelo Instituto Nacional do Câncer (Inca), em 2001.

No Brasil, são 30 milhões de fumantes, dos quais 12 milhões são mulheres. Em 1989, houve um aumento de 3,5% para 20% em 2001 do número de mulheres fumantes. O consumo de cigarro está relacionado com o nível de escolaridade, quanto menor o grau de instrução, maior a porcentagem de fumantes. Dez por cento dos fumantes têm menos de 20 anos. A indústria diz que o consumo se mantém estável nos últimos anos.

As empresas de cigarro atuam na terceira dimensão do produto, atingindo um tipo de linguagem que supera os atributos físicos e funcionais, e fazem com que os benefícios percebidos sejam suficientemente válidos para dar continuidade ao consumo. Observando o que já foi feito, podemos perceber uma linha de trabalho que em geral mostra belas paisagens e uma vida livre no campo ou a energia e a emoção dos esportes de ação como o automobilismo, atingindo assim a percepção subliminar do consumidor.

A imagem de uma marca é formada pelo conjunto de associações ligadas a ela, a qual os consumidores têm na memória. A imagem positiva da marca está associada a fidelidade do consumidor, crenças acerca de valores positivos e um desejo de procurar por ela. Uma imagem positiva ajuda o consumidor a se inclinar favoravelmente para promoções futuras e a resistir às atividades de *marketing* dos concorrentes, conforme Schiffman (1997). Na comercialização bem sucedida de produtos de consumo em massa, como no caso do café, é preciso ter produtos com imagem de marca superior. Grandes investimentos são feitos anualmente para estabelecer e manter esta imagem.

Informações encontradas nos *sites* da Organização Internacional do Café (OIC) e da Associação Brasileira de Cafés Especiais (BSCA) fornecem um exemplo do que foi apresentado no parágrafo anterior, indicando que, enquanto o Brasil investe no segmento de cafés especiais US$ 8 milhões por ano, nosso maior concorrente, a Colômbia, investe aproximadamente US$ 40 milhões; apenas para melhor esclarecer os valores, o Brasil comercializa apenas 1,2% de sua produção de cafés especiais, em um mercado em que, segundo estimativa de Herszkowicz (diretor da ABIC), os países movimentam por ano US$ 1 bilhão. "Nossa expectativa é de encerrar 2005 com exportações de US$ 12 milhões."

O primeiro passo na criação de uma imagem para a marca é conhecer o consumidor do produto e saber a quais necessidades este produto atende. Neste mercado de produtos de consumo em massa, é essencial ter uma estratégia de comunicação da marca que seja criativa e ao mesmo tempo enfática, para posicio-ná-la como superior na mente dos consumidores. A comunicação deverá ser contínua para garantir a manutenção da imagem. Essa marca somente será sólida se o produto tiver qualidade superior e estiver embalado adequadamente, em uma embalagem que capture a atenção do cliente. Em suma, se respeitar um compromisso, uma espécie de pacto feito entre empresa e consumidor.

Quando o fabricante não possui uma marca própria, ele se torna um elo desconhecido da cadeia, trabalhando um produto *commodity*, buscando uma condição de preço baixo para conseguir atuar junto aos grandes distribuidores; é uma forma de se atuar no mercado, pode ser boa ou ruim, tudo vai depender dos objetivos da empresa. Em contrapartida, possuir uma grande marca a qual tenha passado por uma quebra da promessa original, ou mesmo um rompimento do pacto feito entre empresa e mercado consumidor, pode ser mais uma fonte de problemas do que de benefícios. Veja o caso da Parmalat. Quem não se lembra de suas campanhas promocionais? Ela detinha a liderança no mercado de leite, no entanto, com os problemas fiscais e com o desvio de conduta de seus direto-res, houve, de modo generalizado, uma fuga para produtos de outras marcas.

O nome da marca do produto tem grande importância para os consumido-res quando estes decidem suas compras. Ele parece servir como um indicador substituto da qualidade do produto. A importância que o consumidor dá à marca pode depender da sua capacidade de julgar a qualidade, segundo Engel (2000).

Quando olhamos para o mercado agrícola, poucas são as marcas lembradas, mas vamos citar alguns casos de sucesso, tais como o "Café Seleto" – essa é para o pessoal dos anos 70 –, "Com Manah, adubando dá" – apesar de ser uma empresa de fertilizante, muita gente que nunca trabalhou ou viveu no campo conhece este *slogan* –, ou, ainda algo mais genérico, "Não é nenhuma Brastemp" – frase usada como referência para qualquer coisa que não seja algo considerado excelente. Peguemos ainda um exemplo de marca global, a empresa Bayer, que atua em mercados diferentes e adotou a seguinte frase: "Se é Bayer, é bom". Portanto, independentemente do segmento, a empresa passa sua mensagem de maneira simples e direta.

Para Kotler (1998), os produtos agropecuários têm natureza perecível e sazonal, exigindo práticas de *marketing* especiais. Seu caráter de *commodity* resulta relativamente em pouca atividade promocional e de propaganda, com algumas exceções.

Ações recentes neste campo podem ser lembradas pela empresa "Native", que trouxe um novo conceito de produção, posicionamento e venda de açúcar-orgânico. Atuando hoje com uma linha maior de produtos, ela trouxe a atenção dos consumidores para um item que até pouco tempo era considerado mais uma *commodity*. Apesar de não ter sido a primeira a chegar ao mercado, foi a empresa que abriu caminho para todas as outras marcas, ganhando a vantagem de quem chega primeiro na mente do consumidor (*top of mind*).

Outro produto que não podemos deixar de comentar é o café, que tem passado por inúmeras transformações nos últimos anos, modernizando um mercado que se julgava estagnado. A grande revolução começou com o desenvolvimento das máquinas de café expresso, e não é por acaso que a família Illy até hoje é sinônimo de café especial. A empresa Illy[1] café tem desenvolvido campanhas de divulgação e posicionamento dos seus produtos de maneira global, buscando o que há de melhor na produção mundial e agregando aos sabores especiais de cafés de todas as partes do mundo a história e a tradição de uma família italiana

---

1 Fundada em 1933, por Francesco Illy, foi a inventora da primeira máquina automática de café (antepassada das atuais máquinas de café expresso). Desde a sua fundação produz e vende em todo o mundo uma mistura única de café, composta de nove variedades de pura Arábica para a preparação do café expresso.

que trabalha neste mercado há quatro gerações. Seguindo esta linha de desenvolvimento, temos o surgimento de marcas famosas, como a "Starbucks"[2] e o "Fran's café", em que o treinamento e o conhecimento dos baristas (funcionários responsáveis pela preparação dos cafés) são essenciais para obter o que há de melhor nessa bebida.

É importante que se faça uma análise detalhada da própria marca, examinando sua herança, pontos fortes, imagem, problemas e, principalmente, a visão a longo prazo da empresa. Essa análise é necessária para evitar promessas vazias e, ainda, para que a atenção não seja fixada apenas nos atributos do produto, mas também nos benefícios emocionais que ele trará para o consumidor. E não são menos importantes a maneira de comunicar esta identidade, o processo de medir os resultados do programa de comparação de marcas, em que são realizados testes de degustação, as pesquisas de mercado feitas com os consumidores e também a distribuição e recompra do produto. O objetivo destas medições é conhecer a lealdade do consumidor, o reconhecimento da marca e os aspectos da personalidade dela.

As empresas dos países em desenvolvimento têm entrado no concorrido comércio globalizado tardiamente e com poucos recursos para competir com as maiores empresas do setor. Com a indústria do aço, por exemplo, de um lado ganhamos em competitividade, mas, de outro, somos penalizados pelo protecionismo de alguns mercados, ou mesmo pelas demandas agrícolas perante a Organização Mundial do Comércio (OMC), apesar de já estarmos conseguindo vitórias importantes contra os subsídios oferecidos pelos países do primeiro mundo.

Quanto mais lucrativo for um segmento, maiores serão as habilidades necessárias para competir em pesquisa e desenvolvimento, distribuição e *marketing*. O problema que os países aspirantes enfrentam para trabalhar neste mercado globalizado é que, a princípio, entram no mercado no ponto mais baixo da curva de valor, com um produto *commodity*, não conseguindo evoluir para um produto com valor agregado e construir uma marca forte. Isso ocorre por causa de dois fatores: pouca confiança das empresas para atingir patamares mais altos na curva de valor ou falta de coragem no comprometimento de recursos para atingir esses objetivos.

---

2   A Starbucks, fundada em 1971, merece o crédito de ter introduzido o café de alta qualidade para o consumidor americano e de rejuvenescer a imagem do desse, sendo uma empresa de varejo especializada, que serve bebida à base de café.

Quando os momentos de crise chegaram para o mercado cafeicultor, os países produtores escolheram alguns caminhos distintos. Os dois caminhos principais e adotados pelos maiores participantes deste mercado foram o da diferenciação (Colômbia) e o do controle da oferta (Brasil). Quer seja observando o passado com a queima de toneladas de grãos de café e a controversa política da retenção (armazenagem de 20% da produção nos países produtores) quer seja pelos investimentos em campanhas de *marketing* e pela criação de marcas nacionais, foram escolhidas as ferramentas com que cada participante abordaria o mercado, e hoje temos, em muitos países compradores, o Brasil como referência em produção, embora considerado com produto de qualidade inferior, e a Colômbia presente nos principais mercados, utilizando como embaixador a figura de "Juan Valdez", como sinônimo do que existe de melhor nesse mercado de café.

Observando a definição de Kotler (1998): "O desenvolvimento de marca para um produto exige grande investimento de longo prazo, principalmente em propaganda, promoção e embalagem...", podemos verificar que a Colômbia percebeu muito cedo que não conseguiria competir com o Brasil em produção e sua única saída seria posicionar seu produto de maneira diferenciada, aproveitando o momento em que o Brasil precisava do grande mercado de *commodities* para escoar sua produção.

Vamos ver outro exemplo de transformação no Japão. Sete anos depois do fim da 2ª Guerra Mundial, em 1952, quando terminou a ocupação americana, o Japão atravessava um período difícil. Era um país pouco desenvolvido, reconhecido pela falta de qualidade em seus produtos, com consumo *per capita* equivalente a apenas 1/5 ao dos Estados Unidos. Durante as duas décadas seguintes ao final da grande guerra, a média de crescimento anual foi de 8%. Além dos investimentos do setor privado, o rápido progresso foi alcançado por um forte senso coletivo de trabalho e pesados investimentos na criação das bases de uma nação tecnológica, como educação de base e infra-estrutura básica (estradas, fontes e linhas de distribuição de energia, telecomunicações etc). A renda *per capita* nacional em 2001 chegou a US$ 24.038, o que colocava o Japão em 5º lugar no *ranking* entre as 30 nações membros da Organização para a Cooperação e o Desenvolvimento Econômico (OCDE). A busca pela excelência passou a ser o principal interesse nacional, havendo uma forte migração de setores de produção primários, como é o caso da produção agrícola (principais culturas: arroz, beterraba açucareira, hortaliças, frutas) e da pesca (maior frota pesqueira do mundo), para a produção industrial, com foco em produtos com grande diferencial tecnológico, como manufaturados de tecnologia avançada, equipamentos pesados elétricos, veículos e motores, equipamentos eletrônicos e de telecomunicações, máquinas de ferramentas e computadorizadas, sistemas de produção, locomotivas e equipamentos de transportes, estaleiros, produtos químicos, produtos têxteis, alimentos processados, instrumentos de precisão. A marca Japão tornou-se sinônimo de tecnologia e qualidade.

Transformar uma marca local ou regional em uma nacional, e até mesmo internacional, requer uma sólida estratégia de expansão e escolha dos canais de vendas apropriados para garantir a reputação da qualidade do produto e da marca e principalmente incrementar sua imagem. Mas, como empreendedores que somos, precisamos ter o mapa da região onde vamos atuar e saber para qual segmento apresentaremos preferencialmente nosso produto ou serviço.

Um caso excelente para representar o que estamos dizendo é o das sandálias Havaianas, de como a Alpargatas as transformou em uma das raras marcas brasileiras conhecidas e valorizadas no exterior. Presentes em lojas como Saks Fifth Avenue e Bergdorf Goodman, em Nova York, e escolhidas pelo estilista francês Jean-Paul Gaultier para calçar as modelos que desfilaram sua coleção de verão, chegam a custar 100 libras (quase R$ 500,00) em algumas lojas inglesas. As Havaianas, lançadas pela São Paulo Alpargatas em 1962, como um chinelo de borracha, já foram consideradas "coisa de pobre" no Brasil. Uma de suas primeiras medidas para chegar a esses destinos foi contratar um profissional que realmente conhecesse o mercado internacional de calçados, para reorganizar a rede de distribuidores, eliminando aqueles que tinham seu foco apenas nos volumes vendidos e mantendo aqueles com quem se poderia trabalhar a marca Havaianas. A Alpargatas evitou a publicidade de massa e apostou em iniciativas alternativas: no Havaí patrocina um campeonato de surfe, na França faz parcerias com a MTV local, que lhe garante exposição a baixo custo. As Havaianas foram reposicionadas, algum tempo antes, no mercado interno. Até 1993, havia apenas um modelo de sandália, aquele dos comerciais protagonizados pelo humorista Chico Anysio, cuja venda havia estacionado em 76 milhões de pares. No ano seguinte, foi lançada a versão monocromática, atualizando um produto que não sofria mudanças há mais de 30 anos. A partir daí, as campanhas passaram a ser estreladas por atrizes como Vera Fischer, Malu Mader e Luma de Oliveira, e os novos modelos se multiplicaram.

A escolha da amplitude com que vamos trabalhar nossas marcas deve estar atrelada ao porte de capital que temos à disposição para esse investimento, e isso, ainda que repetitivo, está relacionado a tudo o que definimos anteriormente na elaboração do nosso plano de negócio e ao fluxo de caixa que estamos prevendo para dar sustentação aos processos da empresa.

De onde vem e para onde irá o dinheiro – Montando o fluxo de caixa

Conhecer como deve caminhar o dinheiro dentro de uma empresa antes mesmo que ela esteja efetivamente trabalhando parece, no primeiro momento, para o investidor mais apaixonado algo fora da realidade, mas não sabê-lo é como partir para uma viagem sem projetar quanto dinheiro será necessário para as diferentes atividades, você pode não atingir o destino ou mobilizar recursos além do necessário, e as duas opções não podem ser aceitas pelo empreendedor que tem reais ambições em relação à empresa que está construindo.

"As receitas são notoriamente difíceis de prever... Entretanto, pode-se obter um equilíbrio analisando como os clientes poderiam comprar ou utilizar o produto ou serviço", BHIDE – HBR 2002. Acredito estar aqui uma dica importante, montar o fluxo de caixa olhando apenas para dentro da empresa é um erro muito comum, é preciso que o consumidor também influencie neste item, pois é ele quem gerará as receitas que colocaremos nas planilhas.

Ao montarmos um fluxo de caixa, precisamos lançar mão de todas as fontes de informação de que dispomos, extraindo a maior porcentagem possível de dados, ainda que por meios empíricos, que possam nortear o nosso trabalho. Por mais inovador que seja um produto ou uma idéia, sempre podemos dispor de fontes confiáveis de informação, nem que seja em mercados similares ou em outros países.

Vamos definir "fluxo de caixa" como uma conta de adição e subtração? Algo tão simples assim? A resposta pode ser sim, uma vez que não nos esqueçamos de colocar os valores distribuídos em uma linha de tempo. Só assim podemos visualizar as entradas e saídas de dinheiro e sua disponibilidade líquida, dando suporte ao planejamento e ao crescimento saudável da empresa. Mas para isso é preciso disciplina para manter os dados sempre atualizados e os olhos atentos no futuro que está aparecendo no movimento do caixa, antecipando defluxos de dinheiro e identificando momentos para se investir ou fazer reservas.

Uma pergunta: para quem estamos fazendo o fluxo de caixa? Parece algo óbvio, mas podemos ter diferentes leitores para o nosso plano de negócio, pode ser utilizado apenas para o controle do empresário ou para apresentação a potenciais investidores. Contudo, precisamos direcionar as informações de acordo com o que gere maior interesse, e isso é cativar o leitor.

Muitos empreendedores começam sem possuir todo o capital necessário para dar sustentação à empresa; precisam buscar pessoas ou instituições que possam entrar com capital de risco, investidores que costumam apoiar empresas promissoras em início de atividade. Para esses apoiadores é preciso demonstrar um plano muito bem estruturado, sem exageros, pois não é apenas no fluxo de caixa e no retorno prometido (TIR) que eles prestarão atenção. Números podem ser verificados com facilidade, afinal vivência de mercado é o que não falta para a maioria daqueles que investe nesta modalidade de financiamento.

Além do fluxo de caixa, é preciso assegurar-lhes que as pessoas envolvidas com o projeto têm a capacidade de atingir os objetivos colocados no planejamento, podendo este ser o ponto de maior credibilidade e suporte à decisão de apoiar ou não uma proposta. Por isso seja realista na seleção e na exposição dos números, mas também não exagere na modéstia.

Vamos utilizar o que foi descrito por Mirshawka (2004), para dar suporte ao que analisaremos nos próximos parágrafos, como exemplo de algumas maneiras de estabelecer e melhorar um bom fluxo de caixa. Olhemos esses passos em dois momentos distintos:

Primeiro momento: Da montagem do caixa

1. Desenvolver um bom plano a curto prazo (3 meses) e a longo prazo (12 meses).

2. Incluir todos os encargos e as eventuais taxas que deverão ser pagos, se isso for possível.

Segundo momento: Operacionalizando o caixa

3. Pagar todas as contas nas datas certas, a menos que haja algum desconto especial para pagamentos antecipados.

4. Fazer os depósitos no banco o mais rapidamente possível.

5. Reduzir os estoques para que tenham apenas os itens indispensáveis.

Capítulo 4 Mãos à obra – montando o mapa da empresa 53

6. Arrendar em vez de comprar equipamentos, desde que isso seja comprovadamente mais barato e eficaz.

7. Comprar matéria-prima, equipamentos indispensáveis e outros suprimentos da maneira mais cuidadosa possível.

8. Aumentar as vendas e os preços.

Elaborar um plano de 3 meses é essencial para que você tenha uma exata noção do fôlego financeiro que sua empresa dispõe, com prazo suficiente para conseguir cobrir lacunas entre entradas e saídas de dinheiro. O intervalo adotado não é fixo e deve variar de acordo com cada segmento de negócio. Já o planejamento para 12 meses é o que dará a noção de quanto capital disponível haverá e de quando poderemos investir.

Falando como alguém que também brigou com os números no início da empresa, eu, Vitor Hugo, posso dizer que foram muitas as alterações nos primeiros 3 meses; por isso é preciso que se tenha condição de contornar o período em que a empresa está dando os primeiros passos. A Syntese é uma empresa de prestação de serviço, por isso o tempo de que precisamos para ajustar o rumo do barco foi relativamente curto, mas isso não é realidade para empresas que atuam em outros segmentos, se estou bem lembrado, quando meu pai abriu sua farmácia em Campinas-SP, foi preciso aproximadamente um ano para que os ajustes iniciais começassem a dar resultado, e a farmácia a dar lucro.

O modelo apresentado a seguir dá uma idéia do que precisamos. Procure evitar os itens "outras despesas" ou "outras entradas", que estão colocadas na planilha de maneira didática. No seu negócio, seja o mais preciso possível, sabendo e indicando de onde vem e para onde está indo o dinheiro. No quesito "outro" pode estar a chave para melhorar o seu desempenho financeiro; por isso, é preciso conhecer este personagem tão comum nas planilhas.

Fluxo de Caixa												
Descrição	1º mês	2º mês	3º mês	4º mês	5º mês	6º mês	7º mês	8º mês	9º mês	10º mês	11º mês	12º mês	TOTAL ANO
Saldo Inicial													
Entradas													
Vendas													

(continua)

(continuação)

Fluxo de Caixa													
Descrição	1º mês	2º mês	3º mês	4º mês	5º mês	6º mês	7º mês	8º mês	9º mês	10º mês	11º mês	12º mês	TOTAL ANO
Outras Entradas													
Total Receitas													
Saídas													
Fornecedores													
Impostos													
Comissões													
Folha de Pagto.													
Aluguel													
Água/Luz/Tel.													
Pró-labore													
Outros C. Fixos													
Total													
TOTAL													
Entradas													
Saídas													
Saldo Final													

Depois de listar as informações e fazer as contas necessárias, é preciso elaborar uma forma de avaliar os resultados, para então verificar se houve lucro ou prejuízo. A planilha de avaliação pode ser como a que apresentaremos a seguir.

Avaliação Gerencial do Fluxo de Caixa	
1. Receitas Totais	R$
2. Margem de Contribuição	
3. Custos Variáveis	
4. Custos Fixos	
Resultado (Lucro ou Prejuízo)	

Vamos relembrar algumas definições dos itens relacionados na tabela de avaliação:

Receitas Totais – São todas as entradas de dinheiro que a empresa teve em determinado período, oriundas de vendas, comissões, bonificação etc.

Margem de Contribuição – É a diferença entre as receitas e os custos variáveis. É o que sobra do preço de venda para cobrir os custos fixos.

Custos Variáveis – São os gastos que variam de acordo com as vendas ou a produção.

Custos Fixos – São os gastos que não variam com as vendas, ocorrem de modo regular e estão relacionados ao funcionamento administrativo e operacional. A característica principal é não variar proporcionalmente ao volume de vendas.

A responsabilidade de administrar bem também está atrelada a saber utilizar os recursos disponíveis, desde antecipar pagamentos até selecionar criteriosamente insumos e matérias-primas. Saber identificar as melhores oportunidades para investir é essencial, principalmente no momento em que não se pode perder o pouco capital de que se dispõe, e essa é a realidade mais comum entre os empreendedores. Administrar também se aprende no dia-a-dia, pois é nele que assumimos a responsabilidade de escolher o tempo todo, e errar está relacionado a este ato de escolher. Costumo dizer que só não erra quem não se envolve na busca de soluções. A experiência ensina a errar muito menos.

Em suma, podemos dizer que o fluxo de caixa utiliza informações e projeções a curto, médio e longo prazos, que servem de suporte para que a empresa alcance suas metas e tenha controle sobre o capital de giro e consiga planejar e viabilizar projetos antes de sua execução identificando o volume de dinheiro que será necessário, próprio ou financiado; e outro ponto que podemos relacionar está no controle da saúde financeira da empresa, que observa o movimento de entradas e saídas de capital, o que, no caso de precisar de financiamento, pode ser uma ótima ferramenta para garantir a segurança da empresa em honrar seus compromissos.

Planejamento estratégico e tático: o que, como e por quem deverá ser feito

Planejamento Estratégico orientado para o mercado é o processo gerencial de desenvolver e manter um ajuste viável entre os objetivos, experiências e recursos da organização e suas oportunidades de mercados mutantes. O propósito do planejamento estratégico é moldar e remoldar os negócios e produtos da empresa com objetivo de crescimento e lucro (KOTLER, 1998).

Tática pode ser entendida como uma parte da estratégia, em que alocamos os recursos disponíveis, sejam eles financeiros, físicos ou pessoais, para atender a cada situação mantendo o foco no objetivo final.

Vamos assumir nossa posição de ingressantes no mercado como empreendedores que se vêem na necessidade de selecionar as arenas onde vão competir e as armas que poderão utilizar na conquista de espaço e oportunidades de negócio. Dependendo da dimensão e do tipo do negócio, vamos ter alguns panoramas comuns aos novos entrantes, que podem ser empresas que estão iniciando suas atividades ou abrindo novos mercados, como:

- Conquista de fortalezas: luta a longo prazo, altos investimentos em material humano, equipamento e logística. Só é válida para mercados que tenham um retorno financeiro que realmente justifique a energia que será dispensada para transpor a muralha.

- Estratégia de "batalha campal": na qual a frente de confronto é larga e muito recurso é necessário para anular e vencer as resistências dos concorrentes. Cada centímetro de território é disputado, cada cliente potencial, cada proposta apresentada. É preciso conhecer bem o terreno, ter os melhores mapas e administrar o tempo de cada ação de *marketing* ou comercial. O posicionamento e a determinação da equipe são essenciais para a vitória, mas é preciso agilidade na tomada de decisão e agressividade para não ceder território.

- Estratégia da "luta de guerrilha": não haverá confronto direto, a luta será administrada pela escolha correta do local de combate, em que conhecimento, agilidade e perícia devem superar as desvantagens numéricas e financeiras.

- Estratégia do oportunista: manter-se de maneira discreta, atuando em mercados deixados de lado pelas maiores empresas concorrentes, por se-

Capítulo 4   Mãos à obra – montando o mapa da empresa   57

rem mercados pequenos ou de baixa atratividade, ou pela vantagem de estar no local certo na hora certa. Empresa com estrutura limitada, que não dispõe de recursos para prospecção nem para enfrentar disputas acirradas com os concorrentes.

A modalidade de combate na qual vamos nos lançar pode depender não apenas do porte da empresa, do fôlego econômico, mas de uma análise do mercado e de uma avaliação tipo *Swot* do empreendedor, da empresa e da equipe.

Uma pesquisa do Sebrae sobre os "Fatores Condicionantes e Taxa de Mortalidade de Empresas no Brasil" traça o perfil das empresas extintas, revelando que 96% delas são microempresas – 51% do comércio, 46% de serviços e 3% da indústria. De acordo com critério do Sebrae para classificação da empresa quanto ao porte, microempresas são aquelas que possuem 19 empregados na indústria e até 9 no comércio e no setor de prestação de serviços. Essa alta mortalidade decorre basicamente da falta de habilidades administrativas e gerenciais do empreendedor. Uma boa parte dos proprietários (47%) iniciou o negócio sem nenhuma experiência ou conhecimento direto no ramo. Os empreendedores também não buscaram consultoria do Sebrae ou assessoria especializada para orientá-los na administração da empresa; a maior parcela recorreu ao contador (36%), alguns a empresas de consultoria (16%) e um alto percentual (32%) não procurou nenhum tipo de assessoria (Agência Sebrae de Notícias).

Todo empreendedor tem um pouquinho de super-herói, pelo menos aos olhos de quem está meramente observando. Isso é bom e mau ao mesmo tempo, pois se acreditarmos que temos superpoderes, ficamos com a auto-estima sempre alta, prontos para sacudir a poeira e voltar ao combate, mas se tamanha auto-estima nos tornar propensos a acreditar que somos invulneráveis, estaremos próximos de aprender que todo super-herói tem seu ponto fraco, e o do empreendedor pode ser a arrogância, a insegurança que centraliza todas as decisões e as crenças distorcidas sobre o que faz um negócio dar certo ou não.

Quem assistiu ao filme *A Cruzada*, viu quando o exército cristão saiu de Jerusalém para combater os Sarracenos (muçulmanos), deixando a fortaleza sem proteção, para lutar em um terreno que favorecia totalmente o inimigo. Mesmo com o aviso de alguns líderes, o exército partiu e o resultado foi o esperado, todos morreram. Podemos ser menos dramáticos na vida real? Vejamos a seguir um outro exemplo desse assunto.

Logo no começo dos trabalhos da Syntese, tivemos um contato para o que seria o projeto de uma fábrica de compotas. Iniciamos as atividades como observadores, avaliando em que poderíamos atuar efetivamente. O idealizador da empresa era um homem que parecia viver em seu próprio mundo, muitos de nós poderíamos classificá-lo como sonhador, e seu sócio um tipo de pára-quedista que acreditava ter achado o "mapa da mina". Os pontos fortes da empresa seriam os conhecimentos do empreendedor sobre as tecnologias de produção (havia um livro de receitas deixado pela avó) e uma patente do processo de conservação.

Como história, a idéia das compotas vendia uma boa oportunidade de ganhar dinheiro, tanto que foi contratado um grupo de economistas para desenvolver uma proposta que seria levada a investidores e potenciais agentes financiadores. O plano de negócio foi bom o suficiente para conseguir um financiamento bancário para dar suporte a instalação da empresa e compra parcial de equipamentos. Os investidores colocaram boa parte do seu patrimônio no projeto. Quando a Syntese começou a avaliar os valores do fluxo de caixa, do planejamento, a missão e a visão dos empreendedores, grandes equívocos surgiram de maneira muito generalizada. No texto, havia menção de ações em todo o território nacional, porém não havia estrutura para isso; os preços das matérias-primas eram "subestimados" (preço de produto de terceira linha) para dar origem a um produto nobre com valor "superestimado"; outra inconsistência era a idéia de que não existiam concorrentes, devido a grande inovação e qualidade das compotas, e que tamanha era esta diferença que no momento em que o produto de nome "Ki Compota" chegasse ao mercado, o equilíbrio seria abalado, e grandes empresas como a Nestlé, por exemplo, tomariam medidas para proteger o seu mercado.

Quando confrontados com a nossa avaliação negativa, ficaram descontentes e, então, preferimos nos afastar do projeto. Para não deixar a história sem final, o projeto não passou de alguns poucos lotes de produto, todos perderam o investimento. Alguns podem se perguntar, como eles não perceberam? É... Eles estavam envolvidos demais, perderam o senso de onde estavam e para onde iriam, e o pior é que não deram ouvidos a nenhum aviso.

Podemos lembrar de grandes empresas que vieram para o Brasil e não conseguiram se estabelecer ou ganhar projeção no mercado nacional, como a Kentucky Fried Chicken (KFC), com suas porções de frango frito ao estilo norte-americano, e a Pizza Hut, que permanece atuante, mas com poucas lojas.

Seus produtos estão muito distantes do paladar do brasileiro? Pode ser que sim, mas o principal ponto em que falharam foi na avaliação e na estratégia escolhida para abordar o mercado brasileiro.

Ao montarmos a estratégia é preciso ter em mente nossa empresa e os parceiros envolvidos. E esta é uma saída muito importante para pequenas empresas, construir uma forte relação com os parceiros, a fim de passar propostas mais completas e ampliar a área de atuação.

O responsável pela seleção dos destinos da empresa, muitas vezes, erra pelo excesso de controle, pela centralização, não deixando que outras lideranças cresçam e agreguem valor à empresa. Como em um exército, é preciso que a linha de liderança esteja bem definida e que todos entendam que é necessário seguir uma linha de atuação, para que o sistema funcione de modo integrado e os resultados cheguem próximos dos esperados. Por isso, cada vez mais ouvimos falar de líderes em vez de chefes.

Talvez um dos aspectos mais importantes para o empreendedor seja o seu poder de liderança e a condução da equipe. Segundo a revista *Harvard Business Review*, de maio de 2005, há uma forma de liderança que acarreta mudanças com desvio positivo. Nesse artigo ela apresenta alguns pontos importantes como: a liderança incentiva a pesquisa, ou seja, faz com que a comunidade (os funcionários/a equipe) se responsabilize pela busca da mudança; é movida pelo aprendizado, ou seja, os participantes agem até chegar a uma nova maneira de raciocinar; atua da identificação à solução do problema.

Segundo esse artigo, estimular os diferentes grupos que atuam dentro da empresa a buscar soluções denomina-se senso comum. Esse método diminui a distância social a qual costuma impedir que "chefes" aceitem idéias que rompam os critérios hierárquicos, ou seja, idéias que venham de baixo para cima.

No livro *Schackleton, Uma Lição de Coragem*, encontra-se a história desse navegador que no início do século passado fez três frustradas tentativas de chegar ao extremo sul do planeta Terra e na terceira, a bordo do Endurance com 28 tripulantes, viu seu barco ficar preso nas geleiras da Antártida e ruir no inverno, isso a 150 km do seu objetivo. A partir desse ponto mudou seu plano, e o objetivo passou a ser o de levar sua tripulação a salvo para a Inglaterra, e conseguiu. Isso mostra que um líder, no caso "o chefe", como era chamado pelos tripulantes, deve ser ágil para mudar seus rumos. Muitos teriam tentado chegar ao objetivo inicialmente traçado, mas provavelmente não voltariam para contar a saga.

O comandante Schackleton traçou os seus passos como um grande empreendedor, primeiro tinha duas experiências frustradas na tentativa de chegar ao extremo pólo sul. Ele aprendeu com os erros, como a falta de água, comida e o escorbuto. Conhecia navegação como poucos. Percebeu que a formação de uma equipe motivada era a base para o sucesso do negócio; habilidades como cantar e tocar instrumentos eram freqüentes entre os tripulantes selecionados, outro ponto era a garra que estes demonstravam na hora da entrevista.

Planejou por mais de um ano sua viagem, procurou imaginar situações extremas para selecionar sua equipe e colocou o barco no mar. Só não sabia que regressaria em apenas 22 meses depois à Europa e que passaria momentos tão difíceis, como perder o barco e ficar 6 meses sem ver a luz do sol. Porém, "o chefe" em nenhum momento transmitiu para a equipe o espírito de derrota, o que significaria o fracasso e a morte de muitos. Adotou estratégias interessantes como nunca estocar carne de foca ou pingüim, o que nas entrelinhas seria como dizer que ficariam um longo período no local. E quando percebia um ar de pessimismo em alguém trazia este para junto de si, evitando a "contaminação" do grupo. Outro ponto que mostra a sensibilidade desse líder é o fato de que ele, ao perceber que um dos tripulantes estava enfraquecido, oferecia alimento quente a todos, sem distinção, assim o mais fraco não se sentia abalado psicologicamente.

Essas e outras lições do comandante Schackleton mostram como o empreendedor, líder de um grupo, deve ter sensibilidade na seleção das pessoas, pulso firme na condução do negócio e humildade para saber a hora de contornar o barco e mudar a direção.

Existem nove caminhos para crescer, segundo Noel Tichy (Coletânea HSM Management):

1. Atendimento da demanda natural, quando o consumo dos produtos e serviços da empresa tende à expansão.

2. Aumento da participação no mercado, por meio de preço baixo/alta produtividade, com ciclos de produção rápidos e alto retorno sobre o patrimônio.

3. Uso de tecnologia própria ou não.

4. Existência de canais de distribuição bem desenvolvidos, consolidados em um longo trabalho conjunto.

5. Abertura de novos mercados para produtos existentes.

6. Aumento do poder relativo da empresa no mercado existente, por meio da aquisição de outras empresas, de alianças ou de integração vertical.

7. Expansão do mercado.

8. Uma nova segmentação do mercado.

9. Ingresso em segmentos de mercado adjacentes aos atuais.

Gerenciando pessoas – O *network* do empreendedor

O ser humano vive se relacionando, e o empreendedor em geral tem uma tendência a buscar ainda mais este relacionamento com pessoas e mercados potenciais, pois grande parte do sucesso de qualquer pessoa ou empreendimento está na forma como se comunica. A rede de contatos que é construída junto a outros profissionais e empresas faz parte do capital inicial do empreendedor, quanto mais densa esta rede, maiores as possibilidades de encontrar portas abertas. Trocar cartões de visita, anotar detalhes sobre a pessoa e idéias que possam ser de interesse comum é uma forma barata de adensar esta rede de relacionamentos.

Quando atuamos profissionalmente, é comum sermos reconhecidos como o "Fulano da empresa tal", ganhamos o sobrenome da empresa onde estamos trabalhando ou prestando serviços, por isso vale lembrar sempre o peso dos currículos, e o empreendedor (lembrando que usaremos o termo no masculino, por economia de palavras e artigos, ampliando o seu conceito para o público feminino) deve estar ainda mais atento a isso, pois agora sua empresa depende também da capacidade de agregar valor à equipe em troca da atuação e experiência das pessoas envolvidas no projeto.

Cada funcionário é um embaixador de sua marca. O principal fator que determina como os clientes vêem sua marca é justamente como os funcionários interagem com eles. Publicidade, relações públicas, qualidade do produto e preço são importantes, mas o mais importante é o funcionário, isso foi dito por Richard Whiteley, considerado um dos 100 maiores consultores do mundo, em palestra no Fórum Mundial de Alta Performance (FMAP), HSM 2005.

Um *network* bem desenvolvido pode dar o impulso inicial para empresa, em que é preciso acelerar para ganhar velocidade de vôo, encurtando caminhos entre os centros de decisão e as oportunidades observadas. Mas também é uma via perigosa, pois, quando se envolvem amizades e interesses comerciais, as expectativas em geral são muito altas, e as possíveis falhas podem gerar maiores estragos do que a simples perda de dinheiro.

Esse é um ponto em que também podemos falar de um tema que gera muita discussão, a escolha de um sócio, pois nenhum lugar é melhor para achar um sócio do que no *network* do empreendedor.

Quando nos deparamos com a necessidade de encontrar alguém para desenvolver um projeto, é inegável o receio em escolher, entre tantos amigos e colegas de profissão, quem será ou serão os parceiros mais adequados para essa empreitada. Na maioria das vezes, é um amigo ou colega de trabalho que divide um sonho ou ideal em comum, mas sempre temos a lembrança de tantos casos de sociedades que terminaram com as amizades ou mesmo os casamentos, pois não são raros os casos em que os sócios são casados (o que muitas vezes está longe de significar sucesso).

A empresa Syntese, da qual eu, Vitor Hugo, sou sócio, surgiu de uma idéia garimpada no mercado durante a atuação profissional em diferentes regiões produtoras. Quando o Alexandre Moreno (meu sócio) me contou sobre um questionamento que era feito continuamente por produtores e revendedores, nos meses que antecederam a fundação da Syntese, imediatamente comprei a idéia e, a partir daí, começamos a esboçar a empresa. Poucos meses depois abandonei a empresa multinacional onde trabalhávamos e dei início às atividades do nosso vôo solo; pouco depois Alexandre seguiu-me. Tínhamos nos conhecido havia menos de um ano, mas existia uma grande afinidade de pensamento e um desejo imenso de fazer algo diferente e que ainda não havia sido tentado por nenhuma outra empresa, atuar em *marketing* para agricultura com pequenos e médios produtores de flores, hortaliças e frutas. Há mais informações sobre a Syntese na parte final deste livro, em que descrevemos alguns *cases*.

Nosso conselho para quem busca ou precisa de um sócio é que, além dos critérios técnicos e de capital para investimento, é preciso ter muita afinidade, tanto de pensamento quanto de conduta, e, o mais importante, encontrar alguém que complemente e gere sinergia no trabalho. Eu, Vitor , e meu sócio somos diferentes e agimos de formas muito distintas, mas fazemos da Syntese algo muito maior do que somos individualmente.

Adotando a mesma linha de pensamento, a escolha do pessoal que atuará na empresa como funcionário, parceiro ou *freelancer* requer a mesma busca de sinergia e a mesma afinidade com as diretrizes da empresa. Trabalhar em equipe é uma arte que os empreendedores devem dominar, e encontrar as pessoas certas é o primeiro passo para formar equipes de sucesso. E como atrair talentos, quando o que temos a oferecer no começo de toda empresa são mais questionamentos do que certezas? Observemos alguns números.

Funcionários dedicados, entusiasmados e responsáveis geram, conforme as pesquisas, aumento de 500% na receita, 800% nos lucros, valorização de 1.200% nas ações, 200% mais patentes, entre outros. Estudo internacional apontou que o ser humano almeja quatro coisas (Richard Whiteley na FMAP HSM – 2005):

1. Equilíbrio – casa, trabalho.

2. Simplicidade – a tecnologia não tornou nossa vida mais simples, apenas nos ajudou a fazer mais coisas e com maior rapidez.

3. Sucesso – ter sucesso em algo, ser reconhecido por algo.

4. Maior eficiência.

Atrair e manter talentos na empresa pode estar mais relacionado à forma como se lançam os desafios e as oportunidades de mostrar o trabalho do que propriamente ao valor do salário. A história dá vários exemplos de profissionais bem-sucedidos que decidem mudar o rumo de suas carreiras, deixando posições estáveis em grandes empresas multinacionais para abraçar desafios técnicos ou comerciais, ou, ainda, para estar à frente da defesa de causas sociais. Para muitos empreendedores, o dinheiro é uma conseqüência e não o principal motivo para começar um negócio, apesar de todos concordarem que o lucro é essencial para a manutenção da saúde de qualquer empresa.

Planejamento de *marketing*

O composto de *marketing* é formado por produto, preço, distribuição e promoção. Mas como podemos trabalhar com estas ferramentas? Alguns dizem que o que vale são as lições do dia-a-dia, porém mesmo a prática, por melhor que seja, não pode esclarecer a maioria dos desafios que encontramos. É preciso saber usar e porque está se usando determinada ferramenta em vez de outras, por isso olhemos de maneira mais detalhada os elementos deste composto de *marketing*.

Schiffman (1997) apresenta a idéia de que:

> Se uma empresa for pequena ou nova no ramo, o *marketing* concentrado é uma alternativa melhor. Uma empresa pode sobreviver e prosperar através da ocupação de um nicho não ocupado por concorrentes mais fortes. Enquanto no *marketing* diferenciado, dirigir-se a vários segmentos usando compostos individuais é uma estratégia adequada a empresas financeiramente fortes e competitivas com outras empresas fortes.

O produto – É uma oferta tangível da empresa para o mercado (inclui a qualidade, *design*, serviços agregados, características, marca e embalagem) e tem a intenção de atender a necessidades e desejos do consumidor. Como podemos conhecer essas necessidades? Efetuando pesquisas com o consumidor, estudando a concorrência, avaliando tendências e hábitos de consumo. Este é um hábito para pequenas e médias empresas? A resposta é: deveria ser, mas não é. Muitas vezes o empreendedor parte para o combate somente com base nas teorias do "achismo", o que compromete muitas idéias interessantes no momento em que está mais vulnerável, na hora de apresentar-se ao mercado. Já falamos sobre pesquisa de mercado, porém é pertinente lembrar mais uma vez sua importância na definição do produto.

Temos um caso interessante, o projeto do "Harmoniz". A Syntese foi contatada pelo Sr. Fábio Dan, que tinha a intenção de comercializar flores unitárias de orquídeas, da mesma forma que era feita com as hastes de Gérbera, porém tinha muitas dúvidas sobre a viabilidade do produto e em como efetivar este trabalho. Aceitamos o desafio e fizemos uma profunda análise do que poderia vir a ser o produto. Em conjunto com os nossos parceiros da Oca Brasil Design, começamos a desenhar o que viria a ser o "Harmoniz". Com pesquisas de mercado para dar base à escolha do nome e da identidade visual e avaliação das alternativas para se corrigir problemas anatômicos da flor (o cabo é muito pequeno), chegamos ao formato e à identidade que se apresentam no produto, agregando valor, pois tradicionalmente as flores unitárias são comercializadas por R$ 1,00 a R$ 2,00, e, neste caso, posicionamos grandes diferenciais que fazem com que o "Harmoniz" seja comercializado por valores entre R$ 8 e R$ 10,00.

Temos uma definição muito interessante de Kotler (1998): "As empresas vencedoras serão aquelas que podem atender às necessidades do consumidor de forma econômica e conveniente com comunicação eficaz".

Empresas brasileiras que estão enfrentando a ameaça dos produtos chineses estão fazendo acordos diretamente com empresários deste país, a fim de conseguir produtos acabados e demais componentes. O objetivo é defender o mercado nacional dos concorrentes chineses e ganhar competitividade em relação aos produtos fabricados no Brasil, como foi apresentado em reportagem do jornal *Valor Econômico* no mês de abril/2005:

A Gradiente trouxe no ano passado R$ 175 milhões em aparelhos eletrônicos chineses. Eles chegaram prontos, foram vendidos com a marca da companhia e representaram cerca de 20% das vendas. A Gulliver conseguiu metade do seu faturamento com brinquedos que ela mesma importou da China[3].

Quando estamos construindo um plano de negócios, podemos ter o produto como "um filho", do qual vemos apenas as qualidades. Devemos sincronizar as ações necessárias para o desenvolvimento de um novo produto; a capacidade de fornecimento de matérias-primas, a aquisição de embalagens, a estocagem, a programação de vendas e a produção devem caminhar em sintonia e, para que os erros não se acumulem, precisamos nos precaver com ações que reduzam os riscos envolvidos no processo. Recomendamos que se faça um exercício de visualização, construindo o caminho que o produto deve fazer para chegar às mãos do consumidor final. Se algum ponto permanecer obscuro, é sinal de que precisamos melhorar o ângulo de visão, ou seja, estudar mais.

Algumas empresas vêm desenvolvendo serviços específicos para mercados latentes como o dos solteiros, auxiliando-os no seu comportamento e mesmo no seu autoconhecimento. Para uma população que a cada dia tem menos tempo para relacionamentos, essa, com certeza, é uma grande idéia. Nessa mesma linha, existem empresas especializadas em arrumar guarda-roupas e gavetas e outras que promovem encontros mais quentes com seus parceiros, promovendo minifestas a dois, com direito a decoração e comidas sofisticadas.

O preço – É a quantidade de dinheiro que os consumidores pagam pelo produto, ou seja, é uma combinação de custos fixos, mais custos variáveis, mais

---

3 www.valoronline.com.br/veconomico.

margem de lucro (produtor, representante e distribuidor), é a parcela referente ao valor percebido do produto. Este valor tem de ser entendido como justo e totalmente expresso nas características do bem que está se adquirindo, lembrando que muitas vezes a maior parcela do valor de um produto está em sua essência, personalidade e valores emocionais agregados a ele.

Quando não se identificam as diferenças e os valores agregados, ou se esses forem mínimos, o grande agente para desempatar uma disputa pela escolha do consumidor será o preço. Mas não nos limitemos apenas a este ângulo desta ferramenta. Quais outros objetivos podemos atingir ao usar o quesito "preço"?

- Comprar participação do mercado – Visando ganhar *Market Share*, podemos abrir espaço entre os concorrentes para apresentar nossa marca e produtos, posicionando-os em uma faixa de preço mais atraente, possibilitando assim que o consumidor os prove.
- Guerra de preços – Quando se domina um mercado, é utilizada para desestimular a chegada dos novos entrantes.

Pontos de distribuição – Aqui há as várias atividades assumidas pela empresa para tornar o produto acessível e disponível aos consumidores, representando uma tendência mundial na busca da conveniência para o consumidor adquirir o produto, ou seja, de facilidades que se enquadrem na vida moderna. O consumidor moderno está valorizando cada vez mais o tempo, independentemente de qual seja o bem a ser adquirido, pensará muito, no momento da compra, tanto na disponibilidade quanto na qualidade do sistema de logística empregado pela empresa. A Internet tornou-se uma importante ferramenta comercial, mas ainda causa preocupação quanto à segurança e à garantia das entregas. Muito já foi feito para melhorar, contudo ainda precisamos caminhar muito no sentido de estender a qualidade de atendimento para as empresas "ponto.com". Como a legislação ainda é falha no sentido de regularizar o comércio eletrônico, temos uma grande massa de empresas que atuam sem um suporte adequado para atender àquilo a que se propõem, deixando margem para o receio dos consumidores no tocante a prazo de entrega, segurança para pagamento e garantia dos produtos.

E como trabalhar com produtos sujeitos à sazonalidade? Este é um desafio normalmente encontrado na agricultura ou em segmentos que necessitam de produtos *in natura*, como é o caso de algumas frutas (uva, morango, *kiwi* etc.), entre outros exemplos regionais como do pinhão no Sul do País. Importar pode ser uma saída para quem precisa driblar a entressafra ou a falta de oferta de produtos. Outra saída é buscar tecnologias que viabilizem produzir fora das épocas tradicionais ou criar ferramentas que possibilitem a ampliação dos períodos de trabalho, acentuando determinadas características que ficam diminuídas na época normal, por exemplo: como vender pacotes turísticos para o litoral no inverno? Levantando algumas características, poderíamos dizer que temos mais espaço para caminhar e ver o mar (evitamos filas e congestionamentos), é bom para a saúde (pessoas com problemas de pressão arterial podem se sentir melhor), os preços ficam mais acessíveis e a infestação de mosquitos é menor, vantagens fora do apelo tradicional de sol e badalação, mas que podem atrair um público diferente, se é algo viável ou não, só poderemos dizer depois de uma avaliação.

Trabalhar produtos perecíveis e de difícil padronização é um outro desafio. Como manter os mesmos critérios de sabor, cor e aroma em produtos que respondem diretamente as variações ambientais e de cultivo?

A promoção – A quarta ferramenta do composto de *marketing* inclui todas as atividades desempenhadas pela empresa para comunicar e promover seus produtos no "mercado alvo", no qual a comunicação é um dos itens que atrai o consumidor.

Aqui podemos adotar várias formas de atuação, de uma redução de preço para a aquisição de produtos à venda em pacotes, em que o valor total é inferior ao unitário e estimula a aquisição de mais produtos. Qual a forma mais indicada? Essa pergunta envolve um estudo profundo das características do produto propriamente dito e da definição e do conhecimento dos hábitos e das tendências dos consumidores em potencial.

Influenciar o conhecimento do consumidor é o objetivo do *marketing*. É difícil vender um produto desconhecido, sobretudo quando os consumidores têm a opção de escolher um que seja mais familiar. As empresas estão constantemente mandando informações para os consumidores na esperança de que isso os influencie, e vale a pena lembrar o que diz Engel (2000): "O produto deve satisfazer às necessidades do consumidor, não às necessidades e às expectativas da empresa. O consumidor é soberano".

Quando falamos de produtos que trazem muitos conceitos novos ou que exigem uma mudança de comportamento por parte do consumidor, já podemos

68 Mapeando horizontes – as trilhas do empreendedorismo

ter a certeza de que não serão simples folhetos distribuídos nos locais de venda que garantirão aos nossos consumidores entender e incorporar as novidades. E o que podemos fazer tendo a realidade de uma pequena ou média empresa que está fazendo a lição de casa de maneira correta e não deixou para a última hora a definição da promoção? Temos de usar a criatividade.

Como exemplo de que tudo pode acontecer quando pensamos em promoções, vejam o que ocorreu em 2003 com o joalheiro Johan de Boer, da Cidade de Apeldoorn (Holanda). Para comemorar o 10º aniversário de sua empresa, resolveu enviar a 4 mil de seus clientes diamantes legítimos e falsos, dizendo a eles que poderiam ficar com os verdadeiros, bastando para isso comparecer a sua loja para confirmar a legitimidade das pedras. Ele gastou 48 mil euros (cerca de R$ 174 mil) para mandar 200 cartas com diamantes legítimos. O resultado não foi exatamente o que o joalheiro esperava, apenas 35 pessoas apareceram. Quando ligou para alguns clientes para saber o que poderia ter acontecido de errado com a campanha, descobriu que a maioria deles simplesmente jogou as cartas no lixo, sem sequer abrir. O que poderia ser uma história triste acabou dando certo para o joalheiro, pois a divulgação do ocorrido causou uma grande onda de garimpeiros nas lixeiras da cidade e trouxe muitos curiosos para a sua loja[4].

No mercado de insumos para a agricultura, muito se comenta sobre os principais, como fertilizantes e defensivos, muitas vezes relacionados a fontes de contaminação do ambiente ou de produtos alimentícios, e para este mercado a propaganda tem de ter um público bem definido, sob pena de estar falando de insumos potencialmente perigosos para a saúde, como é caso dos defensivos, para leigos incorrendo inclusive em se perder a mensagem que se quer passar com a ação de promoção. Mas existem linhas de produtos agrícolas que buscam nichos de mercado fora dos tradicionais insumos para as grandes monoculturas (soja, milho, café etc.), focando cultivos para consumo interno como é o caso das hortaliças, em que os valores a serem reinvestidos em propaganda são muito mais modestos, e o desafio não é muito diferente, enfim como fazer a divulgação de produtos e insumos em um país das proporções do Brasil, em que muitas vezes o acesso aos meios de comunicação é limitado? Estendendo a pergunta: Este é um desafio apenas para a área agrícola? O que vai fazer a diferença entre sucesso ou fracasso das campanhas será quanto de criatividade se usa para efetivar as ações

---

4 Para os mais incrédulos, a história está no *site* www.bbc.co.uk/portuguese/noticias.

necessárias para divulgação. Resumindo: objetivo claro, segmentação de mercado bem definida e cronograma de ações articulado entre operacional e estratégico.

Passos – Plano de negócios

- Capa e sumário.
- Sumário executivo (visão, missão, propósitos gerais e específicos do negócio, objetivos, metas, estratégias de *marketing*).
- Descrição do produto e/ou serviço.
- Análise do ambiente (nicho, setor, concorrentes, diferenciais competitivos).
- Plano de *marketing* (4 Ps, projeções de vendas).
- Plano operacional (análise das instalações, equipamentos, funcionários, insumos, processos).
- Estrutura da empresa (organizacional, jurídica, contábil).
- Plano financeiro (balanço patrimonial, demonstrativo dos resultados, fluxo de caixa).

Conclusão

As análises iniciais fornecem apenas hipóteses aceitáveis, que devem ser testadas e modificadas. Os empreendedores devem brincar com as idéias e explorá-las, deixando suas estratégias evoluírem através de um processo contínuo de intuição, análise e ação (BHIDE – *Harvard Business Review*).

Por melhor que tenham sido todas as medidas tomadas antes do início de qualquer projeto, o risco e os desafios tendem a acompanhar todo aquele que decide partir rumo a um vôo solo. Numa iniciativa, mesmo que você esteja cercado de amigos e parentes o apoiando, com a presença de sócios e parceiros comerciais, acreditem, em alguns momentos, é um caminho muito solitário, tanto no que se refere às decisões que precisam ser tomadas, quanto a negociação dos riscos e mudanças de rumo do projeto.

Em toda empresa, pequena ou não, assumir as responsabilidades e estar preparado para os resultados é uma tarefa árdua que envolve sacrificar a companhia de pessoas queridas e momentos de diversão. Apenas objetivos muito claros podem dar a energia necessária para não apenas continuar, pois como empreendedores devemos "fazer mais com menos", mas para nos superar em todos os momentos e ações. É pedir demais? Pode ser que sim, mas dinheiro, como se diz, "não aceita desaforo", e é preciso manter a liderança e agir como líder da sua equipe.

Deixe o coração seguir na frente, mas nunca deixe que a paixão pelos seus sonhos o cegue. Empreender requer responsabilidade e compromisso e acreditamos que isso foi bem demonstrado nos parágrafos anteriores. Diante disso, coloque os seus objetivos na mesa e, de maneira sincera e ponderada, analise suas qualidades e potenciais e se você se encaixa no perfil necessário, pois nem sempre o bom líder ou empreendedor segue na frente da tropa, às vezes é necessário dar apoio para que todos sigam rumo ao objetivo.

Ser empreendedor não está necessariamente no DNA nem requer superpoderes. É preciso uma boa dose de preparo profissional e reconhecimento do mercado mesclado a um perfil motivador, temperado com senso de oportunidade, sorte e uma capacidade ilimitada de se relacionar com as pessoas. Este é o melhor perfil? Pode ser que não e também pode ser que todas estas características não estejam em apenas uma pessoa, mas em uma equipe ou nos sócios que vão dar início ao projeto.

Oportunidade, análise, pessoas, burocracia e... foi dada a partida rumo a um destino incerto e cheio de expectativas em que muitos ficarão pelo caminho, mas aos que chegarem ao final, mais do que o prazer da realização e do dever cumprido, existirá a certeza de que todos os riscos e momentos de incerteza e solidão valeram a pena.

Cases

Histórias de Quem Já Começou a Sua Trilha

Case Syntese

A Syntese é formada por dois sócios, Alexandre Borges Moreno e por mim, Vitor Hugo Artigiani Filho, ambos com formação em Engenharia Agronômica (Unesp/Botucatu e Esalq/USP, respectivamente) e pós-graduação em Administração de Marketing pela Fundação Armando Alvares Penteado (Faap). Por essas coincidências da vida, seguimos caminhos muito parecidos desde que nos formamos, passando por empresas de irrigação até as de fertilizantes especiais.

Começamos a atuar em conjunto em uma multinacional chilena do setor de fertilizantes, Alexandre a partir de 2000 e eu em outubro de 2001, com a responsabilidade de promover uma determinada linha de produtos por meio de palestras. Foi nesse período que começaram a nascer as bases da Syntese e de uma sólida amizade entre nós. O Alexandre, um agrônomo com uma forte vocação para comunicação, durante o curso de pós-graduação em *marketing*, passou a discorrer, nas palestras de adubo, pelo menos 20 minutos, sobre o tema *marketing* causando muitos questionamentos por parte do nosso gerente (o que pude acompanhar de perto). Após o término do curso, no final de 2001, durante uma conversa de escritório (nós dividíamos a mesma sala), a idéia do *marketing* agrícola surgiu como uma possibilidade real, fundamentada nas perguntas freqüentes dos produtores sobre como trabalhar os pontos de venda, a distribuição, o preço e o desenvolvimento de marcas. A idéia, em uma primeira avaliação, parecia ser uma excelente oportunidade, mas necessitava de estudos.

Nizan Guanaes define nesta frase um pouco do que é o começo para uma empresa: "... Todo negócio tem uma travessia. Imagine um feto sendo analisado apenas quando é ainda uma coluna vertebral! Falta cabeça, faltam olhos, é tudo muito estranho. Também os produtos nascem desdentados, carecas, enxergando mal. As empresas não nascem prontas!" E isso não foi diferente com a Syntese.

Como um projeto que caminhava paralelo às nossas atividades profissionais, a Syntese ficou em "gestação" por 1 ano, adquirindo massa crítica para ganhar o mercado. O primeiro passo foi a escolha do nome, fundamentado em conceitos pré-estabelecidos e em valores que queríamos transmitir. Para isso, contamos com o apoio de um profissional gabaritado do mercado, diretor da empresa Navemãe Multimídia, que criou a marca e o *site*.

A partir daí, estudamos nichos de trabalho, conversamos com possíveis concorrentes, delineamos onde gostaríamos de trabalhar e quais seriam as bases e fortalezas da nova empresa. Nem é preciso dizer que muita coisa mudou desde então, mas sempre mantivemos nossa base em ações de tecnologia agrícola e *marketing*, em que um item favorece e fortalece o outro, trazendo sinergia. Isso resultou na primeira empresa de *marketing* agrícola do mercado, com agrônomos que entendem a linguagem do homem do campo.

Em dezembro de 2002, demos um passo concreto para o início das nossas atividades quando deixei a companhia chilena e a Syntese começou a existir como empresa. Sempre agindo de maneira programada, alguns meses depois, Alexandre assinou sua demissão e a equipe ficou completa. Começamos com muito entusiasmo e determinação, afinal é impossível não ter a ansiedade em uma estréia. Nosso capital não era muito, mas o suficiente para dar o impulso inicial; mantínhamos os escritórios em nossas casas, controlando os custos de tudo para prolongar e maximizar os nossos recursos.

Passamos momentos difíceis no começo das atividades, o giro era pequeno, e estávamos gastando para manter o sistema funcional até que os projetos realmente aparecessem. Eram muitas propostas, visitas, telefonemas, ativando o *network,* buscávamos qualquer potencial projeto; até mesmo aqueles que se mostraram completos "furos na água" valeram pela experiência adquirida.

Podemos marcar o dia 26 de março de 2003 como o momento da virada para os nossos negócios, quando realizamos um curso (Estratégias de *marketing* para o pós-colheita) direcionado a produtores rurais, estudantes e profissionais atuantes no agronegócio. Desde então, começamos efetivamente a marcar presença no mercado, e os projetos começaram a aparecer.

Com a adoção de ações que divulgassem a empresa, expondo nossas propostas ao mercado, surtiram resultados muito bons. Agindo por meio da Internet, participando de eventos no setor e vinculando material e textos nos meios de comunicação do segmento, começamos a contar e apresentar nossas idéias, o que tornou a Syntese conhecida e reconhecida no mercado agrícola. A propaganda boca a boca também ajudou a gerar mais credibilidade nos produtores. Por estarmos atuando em um segmento muito fechado, é preciso que tenhamos referências confiáveis para que as portas se abram. Hoje são clientes da Syntese empresas como o Grupo Pão de Açúcar e a Pfizer, o que nos garante credibilidade e força no mercado. Obviamente os nossos principais clientes ainda são os produtores rurais, de flores, frutas e hortaliças.

Apesar de ser uma palavra difícil de pronunciar e parecer fora do alcance dos pequenos e médios produtores rurais, o *marketing* começou a se mostrar viável. Hoje a empresa está com escritório e funcionários, contando principalmente com a atuação de pessoal *freelance*.

Outro ponto que nos diferencia são as parcerias, como, por exemplo, com a OcaBrasil, uma empresa de *design*, que executa os projetos com embalagens e marcas.

Atualmente estamos em um novo projeto que busca criar um elo mais forte entre a Syntese e o cliente, é o conceito de cliente parceiro. Para que o cliente seja convidado a ser parceiro, basta que possua alguns requisitos básicos, como assiduidade nos pagamentos e comprometimento na aplicação dos conceitos apresentados à sua atividade. Os benefícios para ele são a divulgação de sua marca em camisetas institucionais e em prospectos nos eventos em que a Syntese e a OcaBrasil estiverem presentes, além da participação garantida em eventos, como o Simpósio de Marketing Agrícola, organizados pela Syntese em parceria com a Flortec (empresa especializada no segmento de floricultura) durante o mês de outubro. Isso tudo é efetivado por meio do pagamento de uma parcela a mais no ano. Provavelmente, esse sistema necessite de ajustes, mas o primeiro passo para um programa de fidelidade foi lançado.

Para todos que estão começando a ter uma idéia empreendedora ou mesmo dando os primeiros passos no mercado, podemos dizer que é preciso ter coragem, pois, por melhor que seja o seu planejamento, o risco existe. Procure conhecer profundamente o mercado onde quer atuar e mantenha os seus sensores ligados em todos os movimentos dos concorrentes e clientes. Aproveite todas as oportunidades, não tenha medo de errar, mas dentro dos seus limites de tolerância para assumir riscos. Acredite, assuma o controle do seu destino, aceite as conseqüências desta responsabilidade e nunca se esqueça de que é preciso muita transpiração e inspiração para que as coisas dêem certo.

Missão

Criar valores diferenciados para o cliente por meio de orientação estratégica e aguçar a visão do empreendedor, de modo que resulte em soluções com ganhos econômicos e técnicos para todas as partes envolvidas.

Visão

Visualizamos uma mudança global do consumidor, que ocorre devido ao ritmo de vida acelerado, às preocupações com a saúde e ao meio ambiente, e culmina em famílias menores. Esses fatores exigem que o empreendedor rural tenha um posicionamento diferenciado, adaptando-se a essas necessidades.

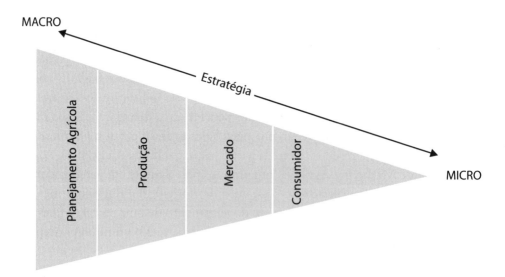

Case Yoshida & Hirata

A primeira loja foi aberta em 1974, era uma pequena porta para atender aos produtores no Município de Biritibamirim, interior de São Paulo. A família não tinha tradição agrícola, e o interesse pelo segmento e pela cidade de Biritiba veio da indicação de um amigo do Sr. Makoto Yoshida, que falou da necessidade de os produtores terem uma loja de insumos agrícolas naquela região e da possibilidade de este ser um bom negócio. Acreditando no amigo, o Sr. Makoto partiu com a família para a cidade de Biritiba.

A empresa, atuando há 30 anos no mercado agrícola, passou pelos momentos de maior turbulência da economia nacional sempre trabalhando um segmento direcionado ao mercado interno, principalmente com a produção de hortaliças, chegando, em 2005, a ter aproximadamente 70 funcionários e como representante comercial das mais importantes empresas do segmento agrícola, com 3 lojas bem posicionadas no cinturão verde de São Paulo (Biritibamirim, Mogi das Cruzes e Suzano).

Hoje a empresa é dirigida pelo Sr. Alberto Yoshida, Engenheiro Agrônomo por formação que, mesmo sem ter estudado para ser empreendedor ou executivo aceitou o desafio de estar à frente da empresa da família.

Quando indagado sobre os maiores diferenciais de sua empresa e os motivos que fazem com que se sustentem como um exemplo de trabalho e administração no segmento agrícola, as respostas são modestas, como as de todo empreendedor que sabe que apesar de ter conquistado muito, não se pode garantir o sucesso futuro com os méritos do passado. Mas podemos indicar alguns pontos:

- Intenso investimento nas pessoas que fazem parte da equipe.
- Agilidade na entrega e no atendimento dos pedidos.
- Fortes parcerias criadas com os fornecedores.
- Transparência como elemento essencial sempre, assim a empresa não é penalizada em nenhum momento, tanto na relação com funcionários, como com fornecedores e clientes.

Uma forma de manter as pessoas e a equipe motivadas é fazer com que cada uma entenda efetivamente a missão da empresa, tenha uma idéia de onde se quer chegar, de onde a empresa está e quais são os planos futuros, de maneira que todas percebam o quanto podem crescer ou qual a sua colocação, importância e comprometimento com esse crescimento, com esses planos. A motivação está dentro de cada pessoa, e o que podemos fazer é oferecer um ambiente propício para que essa motivação apareça e contribua para o trabalho da equipe, dando oportunidades no momento certo e na hora certa para cada uma.

Apesar de todas as dificuldades que os planos econômicos trouxeram, com as trocas de moedas e o confisco da poupança, não se vê nesses pontos os maiores problemas. Na verdade, a grande velocidade com que o mercado responde a mudanças e o fato de entender o que está acontecendo com fornecedores e clientes é um desafio muito maior e pode ser a diferença entre o sucesso e o fracasso.

Nas últimas décadas, passamos por um processo intenso de fusões e *joint ventures*, havendo assim uma transformação significativa na maneira como as empresas fabricantes de insumos se relacionam com seus canais de distribuição e na expectativa do produtor rural em relação ao atendimento e à assistência técnica das lojas de insumos.

A Yoshida tem uma missão bem definida, que é repassada aos seus funcionários desde o momento em que são entrevistados, e é algo que todos devem procurar ter no dia-a-dia de trabalho. Em geral, quando a pessoa não entende a filosofia de trabalho, fica pouco tempo na equipe, devido ao comprometimento na busca de resultados.

O espírito de equipe e a qualidade dos serviços prestados são temas constantemente abordados em treinamentos, pois o maior investimento da loja é conseguir agregar valor às pessoas, para que tanto fornecedores quanto clientes tenham conhecimento de que a empresa investe para ser cada vez mais diferenciada no mercado, correspondendo às expectativas dos dois lados que a empresa Yoshida & Hirata busca representar (fornecedores e produtores rurais).

Uma das responsabilidades assumidas pela empresa que faz com que ela ganhe ainda mais representatividade com os produtores é atuar como advogado de defesa da região, buscando em grandes grupos supermercadistas (Makro, Carrefour, Pão de Açúcar etc.) os interesses e as necessidades dos produtores do cinturão verde de São Paulo. Segundo o Sr. Alberto Yoshida:

> O que a empresa busca é mais do que comprar e vender insumos agrícolas ou apenas comercializar as hortaliças. É servir como um canal de entendimento entre os nossos fornecedores e os produtores da região, criando uma interdependência de negócios, fazendo a conexão de todos os elos da cadeia (fornecedores, produtores, equipe da Yoshida & Hirata e agora o mercado externo). Sendo cúmplice do sucesso de todos os elementos envolvidos no segmento, mantendo a sustentabilidade do sistema produtivo.

A empresa está envolvida na busca pela excelência e recentemente teve um momento muito delicado quando foi contratado um auditor independente para fazer uma avaliação da empresa, conforme relatado pelo Sr. Alberto Yoshida:

> Ao contrário do que estávamos acostumados a ouvir de clientes e dos nossos parceiros comerciais, o auditor nos posicionou, em uma escala de 10.000 pontos, com apenas 4.000 e ainda deixou sérias instruções para podermos sobreviver no mercado. Sofremos muito para literalmente "digerir" a avaliação feita, mas isso gerou resultados quase que imediatos na nossa equipe, e estamos passando por um processo de reestruturação dos nossos sistemas administrativos muito grandes. O custo emocional é alto, pois algumas coisas estavam em andamento desde a fundação da empresa, mas era a forma de conseguirmos ganhar competitividade frente ao mercado, e essa é uma característica do empreendedor, não desistir, buscar soluções e não se conformar com o "destino", enfrentando os problemas de forma racional com foco nos resultados desejados.

Missão

Contribuir para o desenvolvimento da agricultura, levando ao produtor uma tecnologia de ponta que lhe garanta uma produção de qualidade e a preservação do meio ambiente, e respeitar a livre concorrência e o direito de escolha do consumidor.

Visão

Ser reconhecida no mercado em que atuamos como uma empresa dedicada à evolução e ao desenvolvimento da agricultura brasileira.

Uma dica:

> Uma das coisas mais importantes para um empreendedor é fazer o seu trabalho com muito amor, dedicação, e trabalhar muito. Deve ser levada em conta também a sorte e saber aproveitar as oportunidades. Deve se gostar do que se faz e manter uma rede de relacionamento muito densa, mantendo uma posição de mercado sustentável, acompanhando as mudanças, e ouvindo muito o que as pessoas que estão atuando dizem... ouvir muito! E trabalhar muito mesmo, pois o nível de competição que estamos encontrando, exige que se trabalhe ainda mais.

Case Right Saad Fellipelli
(Entrevista com Adriana Fellipelli)

Curriculum

Adriana Fellipelli é sócia-diretora da Right Saad Fellipelli, uma consultoria internacional de gestão organizacional e transição de carreira, com escritórios em São Paulo e no Rio de Janeiro. Adriana é formada em Psicologia, com pós-graduação em Marketing de Serviços. Ela iniciou a Consultoria Saad Fellipelli com Elaine Saad em 1988. Em 1999, estabeleceu uma parceria com a gigante americana de outplacement Right Management Consultants.

Você foi movida por um sonho?

Não, não foi sonho, foi minha personalidade. Eu achava que nunca iria me adaptar a um ambiente com muitas restrições, falta de autonomia e de liberdade. Eu precisava ser mais livre e achava que, se fizesse isso sozinha, teria muito mais êxito e uma carreira melhor. E tive também um modelo familiar. Meu pai foi executivo durante 25 anos e depois teve seu negócio próprio. Ele dizia que foi a melhor coisa que fez na vida, contava as muitas vantagens de ter seu negócio. Hoje tenho uma história oposta – tenho 17 anos de trabalho, sendo que os últimos quatro como empregada.

Quando tinha 18, 20 e poucos anos, sempre fui procurar coisas para fazer. Fui trabalhar em loja de *surf* para ganhar dinheiro, vendi os filhotes da minha cachorra, vendia cintos de camurça. A liberdade sempre estava atrelada a ter dinheiro. Não ter dinheiro te restringe.

A questão financeira faz com que as pessoas se subjuguem a algumas coisas. E eu nunca queria me subjugar a algumas coisas. Quando meu pai montou uma papelaria, a USP ficou sendo a minha conta. Eu pegava meu carro, batia de porta em porta e ia vender.

E quando fiz 24 anos, já formada, queria ter o meu negócio. Pensei: "Qual seria o meu negócio?" Pensei em um restaurante, mas a Elaine já estava começando este negócio a Consultoria e, então, uni-me a ela. Acho que quando se é muito jovem e não tem nada, tem de ter muito claro que quer ter o teu negócio, pois é muito atraente fazer parte de uma grande empresa, de uma organização.

Que outros traços da sua personalidade foram influentes para empreender?

Não fui uma pessoa que fez um *business plan*, que desenvolveu uma visão estratégica, pois não sabia disso. Na verdade, fui pelo *feeling*, sentindo pelo estômago, sentindo a realidade, os fatores que passavam. Essas eram as coisas que me guiavam, que me faziam sentir. Não teve uma coisa que eu consegui preparar antes. Ia sentindo e fazendo. Mas uma coisa que é básica, que eu tinha e tenho, é persistência. Não desisto. Se alguma coisa deu errada, é porque não foi feita da forma correta, e não desisto do meu objetivo. Não mudo o que quero, mudo os caminhos para chegar lá.

Você esperava ter o sucesso que tem?

Não, primeiro porque não acredito que é tudo isso. O que é sucesso é muito relativo. Não creio que isso seja um sucesso, mas se comparado a onde comecei, tive um progresso muito grande.

Comparada a algumas amigas de faculdade que fizeram psicologia, estou em uma situação bem melhor.

E como é a vida agora?

A empresa começou há 17 anos e há 4 anos foi comprada e, uma vez que foi vendida, tivemos de seguir algumas coisas. Embora nós tenhamos o que eles chamam de *country management*, precisamos cuidar sozinhas da empresa no País, pois não tem ninguém acima, somente alguém a 12 horas de distância. Então, continuo com liberdade, como se o negócio fosse meu.

Nos primeiros anos após a venda foi muito difícil, pois continuava com a mesma mentalidade, de como se o negócio ainda fosse meu, mas ele não era. E a dor de não ser mais também era muito grande. Eu estava cuidando do negócio como se fosse meu filho e não era mais.

Isso acontece porque a parte emocional é mais lenta que a racional. E o engraçado foi que cada vez mais que fui sentindo e incorporando esse fato, fui mudando algumas coisas, como, por exemplo, no próprio escritório. Hoje tenho 70% das coisas de escritório na minha casa. Hoje o meu escritório é na minha casa, e aqui é um ponto de passagem. A minha referência de escritório é lá, e durante muito tempo achava que minha casa era aqui.

Você continua querendo bem ao negócio, mas não é mais como antes. Para mim foi assim, não existe mais aquele afeto e sentimento, é mais racional.

E como foi o começo?

Quando comecei, tive de superar minha falta de maturidade para criar novos produtos.

Uma coisa que aprendi é que não importa se você é pequeno ou grande, você tem de ter todos os departamentos em você mesmo. Você tem de fazer as vendas, o *delivery*, a parte financeira, pensar em *marketing*, em desenvolvimento de novos produtos, e isso foi uma coisa boa, pois hoje, embora tenhamos gente para fazer tudo isso, minha cabeça ainda funciona desse jeito. Consigo ter a imagem da empresa como um todo na minha cabeça e nunca deixei de criar novas coisas, de estar antenada com o que está acontecendo no mundo, de perceber para onde o mercado está indo, no que eu tenho de me antecipar e o que posso oferecer às pessoas.

Nem todos os executivos de grandes empresas são assim, não é mesmo? Como eles se comparam a um empreendedor?

É, os executivos não pensam assim. Uma coisa que me chocou muito quando me tornei executiva é que eu via os executivos tratando as empresas como uma coisa oportunista, que é a questão do momento, para eles ganharem dinheiro e espremerem o máximo possível. Não é só culpa deles. Por acreditarem que não estarão eternamente lá, que a empresa vai descartá-los, que o sistema de remuneração é um sistema que prevê um bônus que refletirá o seu resultado, muitas vezes eles tomam ações a curto prazo, que vão beneficiar o bônus, mas não a perenidade da companhia, pois a perenidade é um pouco diferente. Hoje você vê alguns executivos pensando na perenidade. Mas creio que ainda existe uma grande maioria tomando atitudes mais a curto prazo, pensando na própria permanência, pois enquanto eles derem resultado, também estão permanentes. Quando era sócia da empresa, muitas vezes sacrifiquei meu próprio bolso, deixei de tirar dinheiro, pois queria investir na perpetuidade e no crescimento dela, investir em uma coisa mais cara que eu sabia que daria retorno a médio e longo prazos. São decisões que têm a ver com um envolvimento mais completo seu. Há empresários que não têm essa mentalidade, mas a empresa que vai continuar é a que tem essa mentalidade.

Que outras diferenças você enxerga entre um executivo e um empreendedor?

É muito mais fácil eles arriscarem com o dinheiro do outro do que com o deles. Ser empreendedor com o dinheiro dos outros é muito mais fácil do que ser empreendedor com o próprio.

A outra característica é que o empreendedor tem de colocar a mão na massa. Se faltar a mocinha do café, você faz o café. Muitos executivos vivem em função de uma estrutura, estão habituados a ter uma estrutura e não conseguem ficar sem ela.

Tivemos uma experiência aqui – ficamos sócios de uma pessoa que veio trabalhar como executiva. Ela não entendia o que era fazer tudo aqui. Os primeiros 2 anos foram catastróficos, mas depois ela se adaptou.

Algumas coisas, como, por exemplo, os consultores sangrarem a empresa, me chocam. Em dia de rodízio, quando têm de ir a um lugar e pegam 5 táxis. Em dia de rodízio, fujo dele, faço caminhos alternativos, pego o carro de mãe, de outra pessoa. São formas de você poupar para a empresa, de você cuidar dela.

Liderança é um tema que está sempre presente no seu dia-a-dia. Um empreendedor tem de ser um líder? Ou nem sempre?

Foi outra coisa que também mudou. Creio que tem de ter traços de líder, mas a forma de liderança muda. Percebi uma mudança na forma de liderança antes da venda e depois da venda. Antes da venda, não sei se porque era óbvio que eu era a dona, eu podia ser mais próxima das pessoas, ser mais amiga, ser mais como eu sou, me preocupar com a vida delas, saber se estavam bem. Quando me tornei executiva e o céu era o limite, percebi que algumas pessoas queriam passar por cima, pois daí podiam fazer *by-pass (contornar)*, podiam fazer tudo. Eu me tornei uma pessoa passageira. Agora se elas têm de agradar alguém, é alguém acima. Não é como antes. Trocamos algumas pessoas, enquadramos algumas. Percebi que existe uma distância maior, uma maior formalidade. Hoje em dia não sou mais a mesma, o grupo do *happy hour* com o qual saíamos começou a marcar *happy hour* entre eles e não incluía mais os donos, nós. Hoje entendo perfeitamente a mudança neste papel de liderança. Virei uma dona de consultoria local para uma *country manager* de consultoria multinacional. Na verdade é a mesma coisa, mas eles se sentem diferente. Talvez alguém se incomode com a distância. As pessoas associam vender a empresa a sucesso. Se você é um superexecutivo da sua própria empresa, mas ela é menor, eles te enxergam de um jeito. Se a sua empresa virou multinacional, você tem valor triplicado. E é uma bobagem.

Mas não faz alguma diferença no final do dia?

Que diferença? Lidar com o dinheiro do outro e não com o seu? E, além disso, eu também creio que conseguiria chegar lá do mesmo jeito.

Você constrói uma empresa durante 15 anos para levá-la a um determinado patamar, e você pode recomeçar, mas demora mais tempo para chegar ao patamar. Na minha próxima empresa vou encurtar esse tempo.

E o que compõe o perfil do empreendedor na sua visão?

Quem não consegue viver com instabilidade dificilmente vai conseguir vencer. Em um mês você tem dinheiro, no outro não tem. Se você não consegue viver com isso, morre angustiado antes. Olhando para trás, passei por vários desafios financeiros e lidei com isso. Uma pessoa ansiosa tem um enfarte antes, pois não sabe como será o mês que vem. É claro que você tem uma projeção, mas muitas vezes vem uma fase difícil.

É preciso saber ser comercial, ter foco na novidade, no incrementar, não deixar a coisa parada, não se contentar com nada, ser um descontente. Se você for um descontente você vai sempre buscar coisas para melhorar, pois nunca está bom. Assim, você vai estar sempre no jogo do mercado, observando o que os concorrentes fazem.

O empreendedor precisa ter humildade para perceber quando está errado. Precisa ouvir o cliente porque ele é uma grande fonte de informações sobre continuidade, no que você pode melhorar.

Você se percebe tendo alguma satisfação diferente por ter seu negócio?

A satisfação que tenho hoje é diferente da satisfação que tinha antes. Hoje faço muitas viagens internacionais, que adoro. Consigo falar com gente da Noruega, conhecer gente da China, do Japão, saber como as coisas funcionam em Bruxelas, na Inglaterra, e isso me fascina, pois antes não tinha essa oportunidade, nessa intensidade. Você manda um *e-mail*, tem gente que já fez o trabalho, e compartilha os resultados. Isso é muito legal.

As satisfações são de muitos tipos. Naquela época eu tinha satisfação com o clima organizacional, da camaradagem, da amizade, de sentir que estava com meus sócios no mesmo barco, essas coisas são meus valores, que me motivam. O que motiva uma pessoa são os valores que ela tem. Como os meus valores são amizade, família, crescimento, qualidade de vida, conhecimento, a questão de ter um clima bom, sem jogos corporativos, era uma imensa satisfação. Agora o momento da empresa atende a meu valor de conhecimento.

E nessa época, tendo esses valores vivos dentro de casa, como você via os executivos das organizações com os quais trabalhava, com climas muito mais complicados?

Eu me sentia mais tranqüila e mais ingênua para lidar com os problemas deles. Eu ia com tanta energia positiva, querendo ajudar, com abertura, entrega e disposição, que acabava por contaminar e ajudar.

A pureza faz bem para as pessoas que estão em um mundo muito pesado, pois remete ao tempo em que todo mundo já foi assim, a valores melhores.

Hoje sei o que são esses problemas, pois os vivo agora. Hoje sou mais cética, mais calejada, sei jogar se precisar, mas não é o que mais gosto de fazer.

E os aspectos financeiros e tributários? Como você lida com eles?

Sempre tive quem fosse responsável por essa parte, pois nunca tive afinidade com números. No começo, nós fomos enquadrados como sociedade uniprofissional, pois éramos três psicólogos exercendo a função. Mas, em relação à tributação, logo o faturamento o tira da micro e pequena empresa e o joga junto com as outras.

Uma pessoa deve saber no que ela é boa e no que ela não é. Ficar tentando ser tudo não é possível.

Quando falei em fazer vendas, *marketing*, *delivery*, isso para mim é muito fácil. Quando chegava na parte administrativa-financeira, era terrível. "Sabe fazer? Sei fazer". Uma pessoa com QI normal sabe fazer, mas o esforço e o tempo que me tomavam não compensavam. Tive clareza das coisas em que eu não era suficientemente boa e busquei pessoas que eram suficientemente boas para me complementar. Assim consigo fazer o que eu faço de melhor, e o outro também.

Você tem alguma história para contar?

Recentemente tentei montar uma empresa de *ombudsman*. Não deu certo. Investi um ano e pouco e não deu certo. Fico pensando o que não deu certo.

Eu passava a idéia do projeto, sabia como tinha de ser desenvolvida, o processo operacional, mas eu não podia fazer venda. E essa pessoa tinha de começar a tocar. Mas a questão da dificuldade do *start-up*, em que é preciso por muita energia, não é todo mundo que tem. O que penso é que nos dois, três primeiros anos você precisa ter muita auto-estima, não desistir, perseverar, acreditar e motivar o cliente. Se você acredita no seu produto, você vende. Se você tem dúvida, esquece. Imagina o que vai passar para o cliente?

Quando se tem muita certeza, precisa ralar para vender. Imagina se tiver dúvida. O processo deve começar dentro de você, e não de fora para dentro. Se você esperar que as coisas externas colaborem e tragam a motivação, elas trazem, mas o núcleo principal deve estar com você.

Case **Alef**
(Entrevista com Maria Aparecida Ravanhane Silveira)

Curriculum

Maria Aparecida Ravanhane Silveira é nutricionista, especialista em controle de qualidade e segurança alimentar e pós-graduanda em Gestão Empresarial. Possui extensa experiência em cozinhas industriais e supermercados, trabalhando com controle de qualidade e segurança alimentar, aplicação de manual de boas práticas de produção e treinamento de equipe para grandes empresas como Pão de Açúcar e GR Serviços de Alimentação. Na Alef é responsável pelo desenvolvimento de técnicas mais eficientes de treinamento e gestão de novas contas.

Como foi o início da Alef?

O início foi conturbado. Embora a necessidade de mercado existisse, era difícil convencer os clientes de que uma empresa tão nova pudesse prestar o serviço prometido. Por isso começamos com uma margem de lucro reduzida, e a conquista dos primeiros clientes levou aos demais, transformando a Alef no que é hoje.

O que a empresa significa hoje para o mercado?

Somos hoje uma empresa líder em qualidade nutricional. A Alef já se tornou referência profissional e acadêmica na área de higiene sanitária, e o enfoque nas necessidades do cliente faz dela uma empresa única. Em contraste com a concorrência, a Alef não busca ser uma auditora, mas, sim, parceira de seus clientes.

Quais os maiores diferenciais?

Foco total nas necessidades dos clientes, serviço personalizado e relação de parceria.

Quais foram as maiores dificuldades? Os maiores erros?

A precificação do serviço no momento inicial foi uma das tarefas mais complicadas. No começo, com o objetivo de ganhar mercado, fomos agressivos demais no preço, o que gerava desconfiança dos clientes: eles literalmente não estavam dispostos a pagar tão pouco. Outra dificuldade foi a venda do serviço; no início éramos técnicos demais, e muitas vezes o objetivo do serviço não ficava claro para os potenciais clientes, o que tornou a nossa venda difícil. Mas logo adaptamos nosso material e métodos para a realidade de cada nicho no qual atuamos, e o processo passou a ser bem mais eficaz.

Quais são as táticas para motivar as pessoas?

Transparência na comunicação, participação nas definições estratégicas, rotatividade de tarefas e participação nos lucros.

O que apontaria como a maior motivação para empreender? E como fica o dinheiro nesses valores?

A maior motivação é a independência e a realização pessoal. O dinheiro é conseqüência.

Você acha que empreendedorismo está no DNA das pessoas ou é apenas uma questão de oportunidade?

Não diria que está no DNA, mas é preciso vontade e foco. Oportunidades pipocam a cada minuto, porém é preciso olhos perspicazes para identificá-las.

O Brasil é um país propício ao empreendedorismo?

De maneira alguma. Praticamente não existe incentivo governamental, as taxas de financiamento estão entre as mais altas do mundo e os impostos ultrajantes devoram os lucros. As condições são as mais inóspitas possíveis para o empreendedorismo. Ainda assim, boas oportunidades existem.

Você tem ídolos? Conselheiros? Gurus?

Vários. Bill Gates, Jack Welsh, Sam Walton e Carly Fiorina são alguns deles. Meu maior conselheiro e eterno guru é o sábio Dr. Ariel Sebbag (é um dos sócios da Alef e atua no direcionamento estratégico).

O que diria para um jovem empreendedor que está pensando em começar seu negócio?

Arregace as mangas e esqueça o senso comum; provavelmente a maioria das coisas que você ouvirá a respeito de negócios não passa de baboseira. Defina sua realidade e trabalhe com afinco e convicção.

E qual mensagem final deixa aos empreendedores?

Não conte com a sorte, e jamais desista. É a perseverança que diferencia os verdadeiros vencedores.

Visão

Ser a maior assessoria nutricional do Brasil.

Missão

Prover o melhor serviço de assessoria nutricional do País, diferenciando-nos pelo estado da arte em técnicas de qualidade, pela alta tecnologia e pelo foco total nas necessidades do cliente.

Case Museu do Computador
(Entrevista com José Carlos Valle)

Curriculum

José Carlos Valle, 58 anos, residente em Itapecerica da Serra. Tem um longo histórico de trabalho com computadores, passando por empresas como Philips, Cable & Wireless (Ecodata) e iniciando sua carreira como empreendedor em 1981 com a Dataroad Equip Eletronicos Ltda.; seguindo pela 3tech Com & Tecnologia em 1991, chegando ao seu atual empreendimento que é o Museu do Computador, em que é presidente curador desde 1998[1].

Como foi o início do Museu do Computador? Você foi movido por um sonho?

A idéia do museu surgiu no mês de agosto de 1998, ao visitar a Comdex no Parque Anhembi. Andando pelos corredores, pensei: "O que será dos computadores que estão sendo considerados obsoletos? Será que alguém está centralizando esta coleta? Guardando esta memória? As crianças terão acesso a estas máquinas em um futuro próximo? Uma perfuradora de cartão, por exemplo, alguém tem uma para mostrar?" Então, levei a idéia adiante perguntando a todas as pessoas, amigos, e todos falavam: "boa idéia..."

Então decidi, a partir daquele dia, montar o Museu, já sabendo que o caminho não seria fácil. Mas estava gostoso curtir esse sonho.

Que traços da sua personalidade foram influentes para empreender?

Perseverança. A esperança em Deus.

Qual a importância do Museu para o mercado?

A importância é mostrar a evolução da história dos computadores do mundo e do Brasil para os jovens; com um acervo bem cuidado, mostrar como tudo aconteceu.

---

1 curador@museudocomputador.com.br ou www.museudocomputador.com.br.

Quais foram as maiores dificuldades? Os maiores erros?

As maiores dificuldades foram na parte financeira. Pois manter esse sonho não é fácil sem uma renda mensal. Eu tinha uma empresa de manutenção, a Notebooks, e ela junto com a minha aposentadoria praticamente sustentaram este trabalho. Por ser o primeiro Museu deste tipo na América do Sul, as grandes empresas não se interessam em apoiar.

A minha falta de experiência na área de *marketing* foi o maior erro, pois sempre fui muito técnico e com domínio na parte administrativa.

Ter um sonho é bonito, mas gerenciar esse sonho não é fácil. Hoje não tenho outro tipo de captação e recurso, vivo somente do Museu (bilheteria e visitas de escolas), de palestras e eventos externos.

Quais são as táticas para promover o Museu?

Bem, desde o início, divulguei o Museu na mídia, pois sei que ela procura novidades, e o Museu é um gerador de notícia e sempre foi bem divulgado em jornais, rádios, TV etc. Eu creio que temos de achar algo diferente, criativo e que ninguém fará igual.

E os aspectos financeiros e tributários? Como você lida com eles? Por ser um museu existem benefícios? E as parcerias?

Nesse aspecto, a luta é por uma estabilidade financeira para manter o Museu ativo, buscando meios para sustentá-lo. Na parte tributária, o Museu é bem transparente, justamente por ser uma associação.

O Museu está buscando benefícios, como isenções na área municipal, estadual e federal, pois é uma instituição sem fins lucrativos e tem parcerias com a USP, o Senac Campus, o Sucesu, a Abes, a Impacta etc.

O que apontaria como a maior motivação para empreender? E como fica o dinheiro nesses valores?

A maior motivação é ter prazer no que você faz, sonhar. A cada dia buscar algo para agregar a seu sonho, buscar a cada minuto um item. Levantar todos os dias e agradecer a Deus por mais um dia maravilhoso que ele nos dá e ter alegria em tudo que você faz.

O dinheiro é necessário para manter o sonho, pagar as contas, investir em novos eventos, criar algo diferente etc.

Você acha que o empreendedorismo está no DNA das pessoas ou é apenas uma questão de oportunidade?

Eu creio que está na pessoa. Eu vejo que algumas pessoas ao meu redor estacionam no tempo, não lutam, não saem do lugar. Não têm o principal: SONHO, GARRA, PERSEVERANÇA. Sem isso, não dá liga.

Enquanto outras procuram sobressair, lutam para alcançar o sonho, persistem, caem, levantam e não desistem com os obstáculos.

O Brasil é um país propício ao empreendedorismo?

Eu creio que sim, mas o Brasil tem muito que aprender. Nós temos de fazer a diferença. Buscando novas idéias, buscando no exterior algo que possa ser usado aqui, com algumas mudanças.

Você tem ídolos? Conselheiros? Gurus?

Meu primeiro ídolo é Deus. Depois Bill Gates.

O que diria para um jovem empreendedor que está pensando em começar seu negócio?

Eu creio que tem de aprender um pouco trabalhando como funcionário, com erros e acertos do dia-a-dia. E depois de um tempo, ao sentir que está maduro, procurar algo que realmente dê certo. Pesquisar, estudar o mercado, achar algo de que o mercado precise, um nicho que ninguém tenha visto. Perseverar e buscar o sonho. Mas preparar-se para as pessoas ao seu redor que nunca acreditam no seu sonho. Pois eu senti isso no decorrer dos 7 anos em que lutei para abrir o Museu. Foram 7 anos de esforço, desgaste físico, e ninguém acreditando em minha luta. Sempre falo: "Do not give up: NUNCA DESISTA".

Qual mensagem final deixa aos empreendedores?

Sonhe. Faça o que você gosta, pois se fizer algo com que se sinta feliz, já é meio caminho andado. PERSEVERE e NÃO DESISTA DO SEU SONHO.

Visão

Sempre promover eventos sobre a história dos computadores.

Missão

Preservar, ensinar, educar e manter viva essa história tão fascinante como a dos computadores.

Bibliografia

BARTLETT, Christopher A.; GHOSHAL, Sumantra. Going global lessons from late movers. *Harvard Business Review*, Boston, v. 77, n. 6, Nov./Dec. 1999.

CHIAVENATO, Idalberto. *Vamos abrir um novo negócio?* São Paulo: Makron Books, 1995.

DOLABELA, Fernando. *O segredo de Luísa*. São Paulo: Cultura, 1999.

ENGEL, James F.; BLACKWELL, Roger D.; MINIARD, Paul W. *Comportamento do consumidor*. 8. ed. Rio de Janeiro: Livros Técnicos e Científicos Editora, 2000. 641 p.

HARVARD BUSINESS REVIEW. *Empreendedorismo e estratégia*. Rio de Janeiro: Campus, 2002. 201 p.

JÚLIO, Carlos Alberto; SALIBI NETO, José (Orgs.). *Estratégia e planejamento*: autores e conceitos imprescindíveis. São Paulo: PubliFolha, 2002. 199 p. (Coletânea HSM Management).

KOTLER, Philip. *Administração de marketing*. 5. ed. São Paulo: Atlas, 1998. 725 p.

REVISTA SUPER VAREJO. São Paulo: APAS, n. 8, 2001 (Pesquisa do consultor Francisco Rojo com uma amostra de 300 lojas).

McDANIEL, Carl; GATES, Roger. *Pesquisa de marketing*. São Paulo: Thompson, 2003. p. 8-26.

McKENNA, Regis. *Marketing de relacionamento*. Rio de Janeiro: Campus, 1993. 185 p.

MINISTÉRIO DE CIÊNCIA E TECNOLOGIA. Disponível em: <www.mct.gov.br/Fontes/Fundos/Documentos/CTFVA/ct-fva02apoio_empreend.pdf>. Acesso em: 9 abr. 2005.

MIRSHAWKA, Vitor. *Empreender é a solução*. São Paulo: DVS Editora, 2004. 298 p.

SALIM, César Simões et al. *Construindo planos de negócios*. Rio de Janeiro: Campus, 2001. 238 p.

SCHIFFMAN, Leon G.; KANUK, Leslie Lazar. *Comportamento do consumidor*. 6. ed. Rio de Janeiro: Livros Técnicos e Científicos Editora, 1997. 475 p.

SCHULTZ, Howard. *Dedique-se de coração*. São Paulo: Negócio Editora, 1999. 319 p.

Webgrafia

http://www.sindicafesp.com.br/nota_mexterno_abr05.html

http://www.bbc.co.uk/portuguese/noticias/

http://www.valoronline.com.br/veconomico

http://www.sebrae.com.br/br/parasuaempresa/formalizesuaempresa.asp

http://www.empresario.com.br/destaques/index.html

http://www.fiesp.com.br/servicos/spcred/faq.htm

http://www.conjur.com.br (consultor jurídico)

http://www.fiesp.com.br/download/codigo_civil/codigo_civil.pdf

DVS Editora Ltda.
www.dvseditora.com.br